어느 날 400억 원의 빚을 진 남자

어느 날 400억 원의 빚을 진 남자

초판 1쇄 발행 2016년 10월 20일
초판 15쇄 발행 2024년 3월 25일

지은이 유자와 쓰요시 / **옮긴이** 정세영

펴낸이 조기흠

총괄 이수동 / **책임편집** 유소영 / **기획편집** 박의성, 최진, 유지윤, 이지은, 김혜성, 박소현, 전세정
마케팅 박태규, 홍태형, 임은희, 김예인, 김선영 / **제작** 박성우, 김정우
디자인 필요한 디자인 / **일러스트** 최광렬

펴낸곳 한빛비즈(주) / **주소** 서울시 서대문구 연희로2길 62 4층
전화 02-325-5506 / **팩스** 02-326-1566
등록 2008년 1월 14일 제 25100-2017-000062호

ISBN 979-11-5784-150-9 13320

이 책에 대한 의견이나 오탈자 및 잘못된 내용은 출판사 홈페이지나 아래 이메일로 알려주십시오.
파본은 구매처에서 교환하실 수 있습니다.
책값은 뒤표지에 표시되어 있습니다.

⌂ hanbitbiz.com ✉ hanbitbiz@hanbit.co.kr ▢ facebook.com/hanbitbiz
▢ post.naver.com/hanbit_biz ▢ youtube.com/한빛비즈 ▢ instagram.com/hanbitbiz

ARUHI TOTSUZEN 40-OKUEN NO SHAKKIN WO SEOU
Copyright ⓒ 2015 by Tsuyoshi YUZAWA
First published in Japan in 2015 by PHP Institute, Inc.
Korean translation rights arranged with PHP Institute, Inc.
through Shinwon Agency Co.
이 책의 한국어판 저작권은 신원에이전시를 통한 PHP Institute, Inc.와의 독점계약으로 한빛비즈(주)에 있습니다.
저작권법에 의해 한국 내에서 보호를 받는 저작물이므로 무단전재와 복제를 금합니다.

지금 하지 않으면 할 수 없는 일이 있습니다.
책으로 펴내고 싶은 아이디어나 원고를 메일(hanbitbiz@hanbit.co.kr)로 보내주세요.
한빛비즈는 여러분의 소중한 경험과 지식을 기다리고 있습니다.

어느 날 400억 원의 빚을 진 남자

어느 날 400억 원의 빚과
도산 직전의 회사를 물려받은
남자의 이야기

유자와 쓰요시 지음
정세영 옮김

한빛비즈
Hanbit Biz, inc.

일러두기
- 이 책에서 나오는 엔화 금액은 독서의 편의를 위해 100엔당 1,000원으로 환산하여 표기하였습니다.
- 주석은 모두 옮긴이주입니다.

이 책은 대기업에 다니며 장밋빛 인생을 누리던 어느 날, 갑작스러운 아버지의 죽음으로 서른여섯 살에 난데없이 부도 직전의 가업과 400억 원의 빚을 떠안게 된 불운한 남자의 질척질척한 16년간의 기록이다.

불행의 여신에게 사로잡혔던 순간, 이 남자는 어떻게 자살을 생각하지 않고, 어떻게 '회사를 물려받길 정말 잘했다.'고 말할 수 있게 되었는지에 대한 전말이 드러나 있다.

이 책에는 익명이기는 하지만 아직 살아계신 분이나 실존 기업을 비판하는 내용이 등장한다. 그러나 특정 개인과 기업에 대한 비판이나 원한이 아니라 어디까지나 당시 상황을 이해하는 데 도움을 주기 위해서다. 이 책에 쓰인 내용은 나의 개인적인 관점에서 본 이야기이며, 상대방이나 제삼자로서는 '그런 게 아니다.'라고 느낄 수도 있다. 비판적으로 묘사했다고 해서 그 사람이나 기업이 절대적으로 나쁘며 문제가 있다는 말을 하려는 게 아니라는 점을 이해해주기 바란다.

머리말

세상에서 가장 불운한 남자는 바로 나다.

오랫동안 가업은 거들떠보지도 않으며 직장생활을 하던 장남이 갑자기 가업을 물려받게 되었다는 이야기도, 부모가 떨어져 사는 자식들 모르게 빚더미에 올라앉았다는 이야기도 세상에는 흔하디흔한 사연이다.

하지만 연대보증인도 아닌데 회사를 물려받아 400억 원의 빚을 떠안았다면 조금 드문 일일 것이다. 그것도 단순한 400억 원이 아니다. 직원 수도 많고 번듯한 기업의 부채 400억 원이 아니라, 지역밀착형 이자카야를 운영하는 중소기업의 부채 400억 원이다.

아버지 장례식이 끝난 후 내가 처음으로 사무실을 찾았을 때부터 '주식회사 유사와'는 자금난의 연속이었다. 그것도 보통 자금난이 아니었다.

  금고가 텅텅 빈 상황에서 "일주일 안에 1억 2,000만 원을 마련하지 못하면 끝장이에요."라는 말에 쫓겨, 어쩔 수 없이 직장에 열흘 정도 휴가를 내고 직원들과 해결방법을 모색하던 중에 나는 어느덧 '사장님'이라 불리고 있었다. 아무리 필사적으로 대책을 강구해도 온갖 문제가 이래도 버티겠느냐는 듯 매일같이 덮쳐왔다.

  지하철 투신 미수 사건과 재건 조짐이 보이던 무렵의 광우병 사태, 식중독으로 인한 신문 보도 사태, 화재로 모조리 불타버린 가게, 신뢰하던 직원의 죽음, 베테랑 직원의 퇴사…. 실로 악몽 같은 나날이었다.

  16년간 진흙탕 속을 허우적대며 몇 번씩이나 무언가에 떠밀리는 듯한 삶을 살았고, 시간은 흐르고 흘러 2015년 5월이 되었을 때 나는 빚 대부분을 갚았다. 서른여섯이었던 나는 어느새 쉰둘이 되어 있었다.

  직원들의 힘을 빌려 회사를 재건한 과정은 본문에 적어두었지만, 세상에 수없이 많은 훌륭한 경영자와 비교하면 나의 기업 경영은 논할 거리가 없다. 400억 원이라는 절망적인 액수의 빚을 갚은 것 또한 도산 직전이라고는 해도 연매출 200억 원의 중소기업을 물려받았기에 가능한 일이었다.

주어진 조건이 다르다고 해도 40억 원이든, 4억 원이든, 4,000만 원이든, 빚이 있는 삶은 지옥 같은 고통이다. 나는 이 책에서 일이나 삶에서 죽고 싶을 만큼의 곤경에 처했을 때 탈출하는 방법과 사고방식의 사례를 전하려 한다.

직장에서는 꿈에 그리던 해외사업부에서 일하며 심적으로나 경제적으로 풍요로운 생활을 만끽했다. 아내와 함께 즐겁고 평화로운 나날을 보냈다.

그러던 어느 날 갑작스럽게 쓰러지기 일보 직전인 회사의 경영자가 되면서 '그림 같은 생활'은 영원히 잃고 말았다. 하지만, 대신 대기업에 있었다면 알지 못했을 크나큰 보람과 감사하는 마음을 갖게 되었다.

스스로 일어섰다는 성취감, 동료들과 함께 성장해가는 행복, 지역사회와 경제에 이바지하는 기쁨, 그리고 삶과 가족에 대한 감사…. 이런 경지에 도달하기까지는 참으로 기나긴 세월이 필요했다.

인생을 증오하지 않게 된 것은 겨우 작년쯤부터다. 그래서 허울 좋은 말은 못 하겠다. 허울뿐인 말은 못 하지만 신념이 된 말은 있다.

'아침이 오지 않는 밤은 없다.'

'Never, never, never give up(절대, 절대로 포기하지 마라)!'
이 말이 내 목숨을 건져 주었다.

중소기업을 경영하는 분은 물론, 창업을 꿈꾸는 분, 부모님이 회사를 경영하는 분, 그리고 지금 최악의 상황에 빠졌다고 생각하는 분, 진로 문제로 고민하는 학생도 상상조차 하기 힘든 내 인생을 들여다보았으면 좋겠다.

인생에는 부조리한 일이 산더미처럼 많다. 그런 일만 생긴다고 여겨지는 날도 있다.

하지만 아침이 오지 않는 밤은 없다.
포기하기엔 아직 이르다.

이 책을 손에 들고 이 글을 읽어주어서 감사하다. 나의 기구한 인생 경험이 누군가에게 조금이나마 도움이 된다면 그 이상 바랄 게 없다.

— 유자와 쓰요시

차례

머리말 6

서장 굴욕과 혼란의 나날
눈부시게 빛나는 옛 동료들 15

설 자리를 잃어버리다 17 • 냉정한 대형은행과의 힘겨운 협상 20 • 엉망진창인 회사 상황 25 • 도망칠 수 없는 현실 28

1장 청천벽력
어느 날 갑자기 400억 원의 빚을 짊어지다 31

아버지, 쓰러지다 33 • 2주일간 휴가를 내다 37 • 사장님 40 • 400억 원이라는 숫자의 임팩트 42 • 도망갈 방법은 없다 45 • 대기업을 퇴사하다 49 • 아버지와 나의 거리 50 • 운명의 말 Never, never, never give up 53 • 아버지의 손아귀에서 벗어나다 55 • 무슨 일이든 가업을 잇는 것보다는 낫다 59 • 운명은 정해져 있었다 61 • 화와 복은 꼬여 있는 새끼줄과 같다 64

2장 바닥보다 더 깊은 바닥
도망칠 기력조차 사라질 만큼 가혹한 현실 67

서른세 개 매장에 점장은 고작 두 명뿐 69 • 불가능한 약속을 거듭하는 스트레스 72 • 가장 괴로운 교섭 상대, 국세국 75 • 은행은 무엇보다도 우선이다 77 • 일기예보에 바들바들 떠는 나날 81 • 월급을 늦게 주지 않은 진짜 이유 83 • 무너져 있던 가게 85 • 의심 덩어리, 피해의식 덩어리가 되다 87 • 줄줄 새는 생돈 90 • 드라마를 보며 눈물 흘리다 93 • 한심한 남편, 그리고 아버지 95 • 나를 지탱해준 것은 공포 99 • 지하철 투신 미수 사건 101 • 마음을 다잡은 날 105

3장 딱 5년의 승부
죽어가는 가게를 다시 일으키다 109

최악의 사태를 종이에 적어보다 111 • 노력하는 기간은 5년으로 한정 113 • 무엇이 늘어나든 날짜만은 확실히 줄어든다 115 • 당면책과 근본책을 병행하다 116 • 한 곳이면 충분하다. 성공 매장을 만들자 119 • 실패, 그리고 전해지지 않는 마음 122 •

고객의 뒤를 밟아 알게 된 패인 126 • 좁히다, 결정하다, 흔들리지 않다 128 • 포지셔닝이 우리 매장의 생명줄 132 • 도망치고 싶은 마음은 억누르는 게 정답 135 • 문외한이기에 가능한 혁신도 있다 137 • 어필 작전 139 • 메뉴북, 장식용 채소도 필요하지 않다 142 • 축소 균형책으로 수익을 확보하다 145 • 주위에서 뭐라고 하든 147 • '조직'이 힘들다면 '일대일' 152 • 직원들과 나눈 대화를 메모하다 154 • 밝아진 분위기 156 • 어쨌든 '잘나가는' 느낌 159

4장 천국 다음은 또다시 지옥
역대 최고 수익에서 신문 보도 사태로 163

1년에 20억 원의 부채를 상환하다 165 • 광우병 사태로 또다시 지옥 같은 자금난이 시작되다 167 • 역대 최고 이익 달성과 대형은행 부채 완납 171 • 노로바이러스 발생으로 인한 신문 보도 사태 174 • 신뢰하던 직원의 죽음 177 • 화재로 모조리 불타버린 가게 181 • 모두 다 내 책임이다 185 • 사업을 그만둘 결심을 하다 187 • 제정신을 유지하는 방법 190

5장 후회도 망설임도 사라진 날 197

좋은 회사를 만들다 199 ◆ 혁신을 위한 1,000일 계획 202 ◆ 그런데도 변하지 못하다 203 ◆ 사리사욕에 눈이 먼 경영자 205 ◆ 평생 잊지 못할 베테랑 직원의 한마디 206 ◆ 중소기업인 동우회에 가입하다 209 ◆ 사람이 빛나다 213 ◆ 중소기업은 '대기업이 되지 못한 회사'가 아니다 215 ◆ 2020년 유사와 비전 221 ◆ 불안과 공포에서 설렘으로 223 ◆ 아침이 오지 않는 밤은 없다 226 ◆ 가슴에 사무치는 말, 고마워요 227 ◆ 직원들을 진심으로 꾸짖을 수 있게 되다 230

에필로그 중소기업 경영자로서 살아간다는 것 235
맺음말 238

서장

굴욕과 혼란의 나날

눈부시게 빛나는 옛 동료들

─ 남은 빚 ─

1999.01
~1999.08

원금　　　　　40,000,000,000₩
갚은 금액　　　　　　　　0₩

- - - - - - - - - - - - - - - -

TOTAL　　　40,000,000,000₩

• • • • • • •
• • • • • • •
• • • • • • •
• • • • • • •
• • • • • • •
• • • • • • •

- - - - - - - - - - - - - - - -

● = 10억

─ (주)유사와 ─

설 자리를 잃어버리다

1999년 여름, 볼일이 있었던 나는 도쿄 하라주쿠에 있는 기린맥주 본사를 방문했다. 인수인계도 제대로 못 한 채 회사를 그만둔 후 몇 달 만의 방문이었다.

약간 긴장된 마음으로 건물 안에 들어서자 안내 데스크에서 출입증을 받아야만 안으로 들어갈 수 있는 현실에 맞닥뜨렸다. 그도 그럴 일이었다. 나는 이제 외부인이니까. 12년간 근무했던 회사에서 그 사실을 깨닫고 나니 쓸쓸하기 그지없었다.

퇴사 후에도 계속 사용해오던 수첩을 펼쳐보니, 그날을 전후로 '상하이에서 미팅'이라든가 '홍콩 출장' 같은 일정 몇 개가 적혀 있었다. 원래대로라면 지금쯤 상하이와 홍콩을 넘나들고 있을 터였다.

퇴사 직전에는 의약사업부 해외사업 담당으로서 만족스러운 회사생활을 하고 있었다. 간절히 바라 마지않았던 뉴욕 주재원 생활도 했고, 사내 결혼에 골인해 순풍을 만난 돛배처럼 순조로운 나날을 보내고 있었다. 머지않아 태어날 아이에게도 이곳저곳을 보여줘야지, 그런 생각을 하던 게 불과 몇 개월 전이었다.

그런데 지금은 어떤가. 갑자기 저세상으로 떠나신 아버지의 어마어마한 빚과 쓰러지기 일보 직전인 너덜너덜한 회사를 물려받은 신세가 되어, 미래라고는 눈곱만큼도 보이지 않는 상황 속에서 괴로움에 허우적대고 있다.

나는 수첩을 넘기며 '사람의 운명이라는 게 고작 몇 개월 만에 이렇게까지 바뀔 수 있구나.' 하고 남 일이라도 되는 양 생각했다.

일을 마친 후 옛 동료들에게 이끌려 오모테산도에 있는 술집으로 옮겨 그간의 소식을 주고받으며 이야기꽃을 피웠다. 내가 처한 상황에 대해서는 형식적인 대화만 오갔고, 나 역시 자세히는 말하지 않았다.

"이제 사장님이잖아! 운전사랑 비서도 있어?"

그런 질문을 받고는 내가 처한 곤경을 자세히 이야기할 마음이 사라졌다.

그리고 옛 직장의 이야기를 듣고 있기가 괴로웠다. 바로 얼마 전까지 내게 일을 배우던 후배 두 명이 내가 담당하던 대만이나 한국 거래처 부장과 이미 돈독한 사이가 되었다며 자랑스럽게 말했다. 거래처 부장은 몇 개월 전만 해도 "유자와 씨가 아니면 절대 안 돼."라고 말했었는데…. 비즈니스라는 게 다 그런 것 아니겠는가. 떠난 사람은 잊히기 마련이라는 말이 뼛속 깊이 사무쳤다.

게다가 대화 도중에 옛 동료가 "앗!" 하면서 이야기를 중단했다. 외부인에게 누설하면 안 되는 내용이라는 사실을 뒤늦게 깨달은 것이었다. 대단한 내용도 아니고 원래는 내가 기획한 일의 일부였는데, 외부인이라고 낙인찍히는 기분이었다.

혹시 뭔가 기적이 일어나서 회사로 돌아갈 수 있지 않을까. 그런 꿈같은 생각을 하며 술잔을 기울이고 있었지만, 지금 이 순간 내가 있을 곳은 여기가 아니라 가나가와 현 가마쿠라 시에 있는 침몰 직전인 '주식회사 유사와'라는 현실을 받아들여야 했다.

즐겁게 업무 이야기를 주고받는 그들이 눈부셨다. 그리고 나 자신이 너무나도 비참하게 느껴졌다.

냉정한 대형은행과의 힘겨운 협상

옛 동료들과 술을 마시면서도 내 머릿속은 고민으로 가득했다. 그 고민은 물론 400억 원이라는 말도 안 되게 많은 빚이었다.

아버지가 경영하던 '주식회사 유사와'에는 주거래 은행인 지역 신용금고에 약 280억 원, 대형은행에 약 120억 원의 빚이 있었다. 서른여섯 살의 회사원이었던 내게 이자까지 부담해야 하는 400억 원이라는 빚은 그야말로 상상을 초월하는 천문학적인 금액이었다. 금융기관에서는 "다 갚는 데 80년은 족히 걸린다."고 했다.

한 달에 치러야 할 원금과 이자 총액은 두 은행을 합쳐 3억 1,630만 원이었다. 원금이 2억 1,500만 원에 이자가 1억 130만 원…, 원금과 이자를 합쳐 하루당 1,050만 원을 갚아야 했다. 그쯤에서 멈추면 좋을 것을, 계속 계산해보니 대략 시간당 44만 원이었다. 이런 식으로 생각하니 몇 시간씩 잠자는 것조차 두려워졌다.

그해 여름에는 금융기관과 돈을 지급하지 못한 거래처를 돌며 사정을 설명하고 사죄하는 나날을 보냈다. 제때 갚으라는 말을 들으면서 그러지 못하는 나 자신을 탓하였고, 많은 사람에게 큰 누를 끼친다고 생각했다. 고개 숙이는 일 자체는 아무렇지도 않았다. 그러나 분노를 도저히 억누를 수 없었다. 냉정하고 무자비한 대형은행의 조처 때문이었다.

아버지는 당신이 세상을 떠난 후의 자금 융통을 염두에 두고 30억 원 정도의 생명보험에 가입해두었다. 다달이 나가는 액수가 만만치 않았지만, 직원 말에 따르면 아무리 자금난에 시달려도 이 보험만은 해약하지 않고 이를 악물며 계속 납부해온 모양이었다.

하지만 막상 아버지가 돌아가시고 극심한 자금난에 허덕일 때, 그 보험금은 한 푼도 쓸 수 없었다. 대형은행에서 담보 설정을 해둔 탓에 보험금 전액을 고스란히 은행 빚에 충당해야 했던 것이다. 원래 경영자 보험은 경영자가 사망한 후 회사가 혼란스러울 때 금전적으로 지원하기 위한 용도여서 담보 설정을 했다 해도 절반 정도는 회사에 남겨두는 게 통상적이었다. 전액을 은행 빚에 충당하는 것은 피도 눈물도 없는 처사였다.

한편 주거래 은행인 지역 신용금고에는 온정이 있었다. 무슨 일이 있을 때마다 "저희가 도와드릴게요."라고 말했고, 우리 거래처에도 "절대 유사와가 파산하게 두지는 않을 겁니다. 그러니 안심하세요."라며 그들의 불안을 잠재워주었다.

물론 280억 원이나 빌려준 회사가 쓰러지면 신용금고 역시 적잖은 타격을 입기 때문이기도 했겠지만, 그런 사정을 차치하더라도 신용금고 사람들의 말과 행동에서 다정함과 진실함이 느껴져 크나큰 위로가 되었다.

내가 회사를 물려받겠다고 결심했을 때도 지역 신용금고에서는 곧바로 상환 조건을 변경해주었다. 상환 기간을 늘려 다달이 갚을 원금을 3,000만 원 정도 줄여준 것이다.

"주거래 은행인 저희도 이렇게 도와드리니까 부거래 은행인 대형은행에서도 꼭 협조해줄 거예요. 지금 바로 가서서 상의해보시는 게 어떠세요?"

당시에는 자금이 전혀 돌지 않아서 그 정도로도 큰 도움이 되었다. 나는 기대에 부풀어 신용금고의 조언대로 대형은행으로 달려갔다.

하지만 대형은행은 비정했다. 부리나케 달려간 나에게 지점장은 이렇게 말했다.

"잘됐군요. 저희도 아드님이 가업을 물려받아 열심히 해보겠다고 하셔서 한시름 덜었습니다. 그래서 신용금고에서도 도와주신 거겠죠. 그러시다면 신용금고에서 줄여준 상환액의 일부를 저희 은행에 상환해주시겠습니까?"

나는 두 귀를 의심했다. 이 사람이 무슨 말을 하는 걸까 하는 생각이 들었다.

그 후 대형은행과 힘겨운 협상이 이어졌다. 동네 사람들도 있는 은행 한복판에서 체면이고 뭐고 다 내팽개치고 "지점장님, 이리 좀 나오시죠!" 하며 고래고래 악을 쓰기도 했다.

원래 차분한 성격인 내가 그렇게까지 격분한 이유는 아버지가 심근경색으로 쓰러진 날 아침에 만난 사람이 그 지점장이었기 때문이다. 유품인 수첩에는 '지점장 방문'이라는 메모가 있었다. 그때 분명 지점장에게서 최후통첩을 받았으리라 짐작되었다.

아버지는 자살한 게 아니었지만 회사의 죽음을 깨닫고는 모든 기력을 잃었을 터였다. 여러모로 아버지를 도와준 신용금고 임원에게서 이런 말을 들은 일이 있다.

"아버님은 비즈니스 전선에서 전사하신 거라고 생각하세요."

아버지는 사업이라는 전쟁터에서 쓰러진 것이다. 하지만 지점장은 수첩 이야기에도 낯빛 하나 변하지 않고 "그게 저랑 무슨 상관이죠?"라며 쏘아붙였다.

기나긴 협상 끝에 결국 대형은행도 원금 지급액을 다달이

1,000만 원씩 줄여주기로 했지만 이야기는 아직 끝나지 않았다. 그 일이 매듭지어졌을 때, 지점 차장이 응접실 테이블 너머에서 이렇게 말했다.

"사장님, 저희 지점장님께 다시 한 번 머리 숙여 '부탁합니다.'라고 말씀해주시겠어요?"

드라마를 보고 있는 것 같았다. 하지만 그것은 현실이었다.
드라마 〈한자와 나오키〉로도 화제가 된 이케이도 준의 원작 소설에는 자기중심적이고 거만하기 짝이 없는 은행원이 믿을 수 없으리만큼 무자비하게 행동하는 장면이 나오는데, 나는 그게 지나친 과장이 아니었다는 생각이 들었다.
대형은행을 한통속으로 이야기하는 게 올바르지 않다는 사실은 잘 알고 있고, 그곳에서 일하는 모든 사람이 그렇게 냉혹하고 오만하지 않다는 사실 역시 잘 알고 있다. 실제로도 내가 만난 지점장 중 몇 분은 내 처지를 진심으로 이해해주었다. 이 말만은 꼭 덧붙여 두고 싶다.
그러나 그 무렵에는 대형은행과 협상하는 일이 나에게는 가장 큰 고민거리였다. 참고로 내가 아는 가장 출세한 사람은 가혹하기 짝이 없던 바로 그 지점장이다.

엉망진창인 회사 상황

또 다른 고민은 회사 내부를 어떻게 수습할 것인가 하는 문제였다. 실제로는 '수습'이나 '관리' 이전의 문제였다. 급작스럽게 사장 자리에 앉았기 때문에 도덕성이 부족한 직원이나 부정을 저지른 직원조차 제대로 나무랄 수 없었다. 나는 완전히 지쳐 있었다.

어찌할 바를 모르고 망연자실해 있던 참에 약해질 대로 약해진 마음을 와르르 무너뜨리는 사건이 벌어졌다.

당시 유사와는 가나가와 현 가마쿠라 시를 중심으로 서른세 곳의 이자카야 매장을 운영하는 요식업 회사였다. 어느 날 그중 한 매장에서 일하는 시간제 직원이 내 앞으로 편지를 보내왔다.

편지 내용은 놀랍게도 내부고발이었고, 정직원들이 금전적 비리를 저지르고 있다는 글과 함께 증거물인 전표가 들어 있었다. 그리고 "열심히 일하는 시간제 직원과 아르바이트생을 위해서라도 조처해주시기 바랍니다."라고 쓰여 있었다.

즉각 조사해보니 분명히 비리가 일어나고 있다는 사실이 밝혀졌다. 나는 매장으로 달려가 직원들에게 해명을 요구했다. 그런데 직원들은 "우리는 절대 그런 짓을 하지 않았어요!" 하며 결백을 주장했다. 증거물인 전표를 보여주어도 교묘히 발뺌

하려 들었다.

화가 치밀어 오른 나는 단호하게, 그러나 온정을 베풀 요량으로 마지막 도피처를 마련해주며 통고했다.

"자네들이 비리를 저지른 건 확실하다고 생각해. 하지만 잘못을 인정하고 뉘우친다면 크게 문제 삼지 않도록 하지."

그런데 그들은 사죄는커녕 뻔뻔스럽게도 이렇게 말했다.

"아, 그러세요? 그렇게까지 의심한다니 별 수 없네요. 우리 모두 지금 당장 그만두겠습니다. 경찰에 신고하든 어쩌든 마음대로 하세요."

'뭐라고? 그것 참 듣던 중 반가운 소리군!'이라고 말하고 싶은 마음이야 굴뚝같았지만 그럴 수는 없었다. 그들이 당장 그만두면 가게 문을 열 수 없기 때문이었다.

영업을 못 하면 매출을 올리지 못한다. 그러면 며칠 후에 있을 상환에 차질이 생긴다.

그런 생각이 머릿속을 가득 채웠다. 소리소리 지르고 싶은 충동을 억누르며 나온 한마디는, 한심하기 짝이 없었다.

"일방적으로 단정해서 미안하네. 앞으로는 의심받을 만한 행동은 하지 말아줘."

어쩌다 보니 내 쪽에서 사과하는 모양새가 되었고, 허울뿐인 다짐을 받아놓고는 어물어물 그 자리를 떠날 수밖에 없었다. 분하고 답답해서 속이 부글부글 끓었지만 어쩔 도리가 없었다.

무엇보다 속상했던 것은 큰 결심 끝에 비리를 고발했을 시간제 직원들을 몹시 실망시켰다는 점이었다. 그 후 그 시간제 직원은 어이없어하며 가게를 그만두었다. 나 자신이 참으로 한심했고, 그 직원에게 너무도 미안했다.

직원들과 똘똘 뭉쳐 회사를 되살려보고 싶어도 이렇게까지 날것 그대로의 인간관계로 이루어진 조직에서는 내가 기린맥주에서 익힌 상식이나 경영대학원에서 배운 리더십 이론 따위는 아무짝에도 쓸모가 없었다.

굴욕적인 사건은 한두 번이 아니었다.

"사장님! 지난번에 저한테 하신 말씀을 도저히 받아들이지 못하겠어요. 머릿속에서 떠나질 않으니까 지금 당장 가게로 와서 사과하세요!"

어느 날 밤, 살짝 주의를 준 일에 관해 직원이 느닷없이 이런 연락을 해왔다. 나는 허둥지둥 가게로 달려가 "내가 잘못했다."며 사과한 일도 있었다.

직원이 그만두기라도 하면 끝장이다. 아무리 불합리하게 여겨져도 단 한 명도 그만두게 해서는 안 된다. 그렇지만….

'내가 왜 이런 꼴을 당해야 해? 이것들은 도대체 상식을 어디에다 팔아먹은 거야? 어째서 내가 이런 막돼먹은 인간들한테 휘둘려야 하는 거지?'

직원의 문제 행동 하나도 바로잡지 못하면서 내가 과연 회사를 다시 일으킬 수 있을까? 그에 앞서 내 인생을 희생하면서까지 사업을 되살릴 의미가 있을까? 솔직히 사업을 되살린다는 것은 꿈도 꾸지 못할 일이라 생각했고, 내 인생 역시 끝난 것이나 다름없다고 확신하고 있었다.

도망칠 수 없는 현실

기린맥주에서 보낸 직장생활은 꿈처럼 달콤했다. 보람도 있었고 만족감도 있었다. 비할 바 없이 행복했다.

그런데 이제 내 인생은 끝났다. 입으로는 "빚을 다 갚자." "회사를 되살리자." "열심히 해보자."라고 말했지만 속으로는 단 1퍼센트도 그런 일이 실현될 것이라고 생각하지 않았다.

언젠가는 빚쟁이들이 "신장을 팔아라." "눈알을 팔아라." 하며 협박해댈 테고, 그러면 우리 가정도 분명 풍비박산 나겠지. 그런 망상과 공포가 눈덩이처럼 커졌다.

그에 반해 눈앞에서 술을 마시고 있는 옛 동료들은 즐거워 보였다. 풍요로운 환경에서 좋아하는 일에 마음껏 능력을 발휘하며 활약하는 그들이 너무도 부러웠다.

"다음 주는 베이징이야? 그때 나는 광저우에 있을 테니까 회의는 상하이에서 하지 뭐!"

이런 대화를 들으면서 나는 줄곧 '월말에 나갈 돈은 어떻게 구하지.'라든가 '가게 에어컨이 고장 났던데 수리할 돈을 어떻게 마련하지.' 같은 생각을 하고 있었다.

게다가 내게는 400억 원이라는 절망적인 빚이 있었다. 이렇게 술을 마시는 두 시간 동안에도 우리 회사에는 30만 원이 넘는 '이자'가 발생하고 있었고, 원금까지 합치면 80만 원이 넘는 돈이 나가야 했다.

눈부시게 빛나는 동료들을 보는 것도 괴로웠지만, 이 가게를 나가면 또다시 시큼한 냄새로 가득한 데다 한 줄기 빛조차 들지 않는 사무실로 돌아가야만 한다. 그것이 내 현실이다. 그런 생각을 하니 마음이 끝도 없이 바닥으로 가라앉았다.

1장

청천벽력

어느 날 갑자기 400억 원의 빚을 짊어지다

아버지, 쓰러지다

아내에게서 "아버님이 쓰러지셨다."라는 연락을 받은 것은 1999년 1월 21일 밤, 가나가와 현 하코네마치에서 한창 조직혁신연구회가 열리던 때였다. 조직혁신연구회는 기업 관리직을 대상으로 하는 워크숍으로, 내가 리더로 참석한 것은 이번이 세 번째였다.

나는 아내의 말에 "지금 연수중이야." 하고는 재빨리 전화를 끊었다. '무슨 그런 일로 일일이 전화하고 그래.'라고도 생각했다. 아버지도 연세가 있는데 쓰러지신 게 뭐 그리 대수라고.

하지만 아내는 급하지 않은 용건으로 회사에 전화를 걸 만한 성격이 아니었다. 아무래도…. 어떻게 할까 고민하는 사이에 바로 전화가 왔고, "지금 돌아가셨다."는 말을 들었다.

깜짝 놀란 나는 사정을 설명하고 연수 자리를 빠져나와 하코네에서부터 택시를 잡아탔다. 그때 택시 운전사는 집 앞에 마중 나와 있던 아내에게 "남편분이 안쓰러워서 차마 볼 수가 없었다."고 말했다고 한다. 요코하마로 향하던 두 시간가량 나는 줄곧 뒷좌석에 웅크리고 앉아 울었다.

쉴 새 없이 흐르던 눈물에는 두 가지 의미가 담겨 있었다.

하나는 순수하게 아버지를 잃은 슬픔의 눈물이다. 말도 잘 섞지 않고 속내도 터놓지 않는 부자 사이였지만, 아버지는 서투르나마 애정을 다하며 나를 소중히 키워주셨다. 남보다 갑절은 더 많은 경험을 쌓게 해주셨다. 그런 아버지에게 고맙다는 인사도 제대로 하지 못했는데, 세상을 떠나시고 말았다.

그리고 또 하나는 이제부터 내 앞에 펼쳐질 사태에 대한 공포의 눈물이었다.

젊은 시절부터 머리 한구석에서 머뭇머뭇 시뮬레이션해봤던 사업승계 문제…. 아버지가 돌아가신 이 순간에 닥쳐온 공포에 압도되었다.

깊은 밤, 요코하마 사카에 병원 영안실에서 아버지를 마주했다. 내가 도착했을 때 아버지는 이미 싸늘하게 식어 있었다. 잠

든 듯이 보이는 아버지를 몇 번이고 흔들어보았지만 물론 눈을 뜨는 일은 없었다.

가족들에게 사정을 물으니 이날 아버지는 거래처 사람들과 함께 술을 마시다가 갑자기 쓰러져 그 뒤로 눈을 뜨지 못했다고 했다. 사인은 급성 심근경색, 예순아홉이셨다.

전부터 당뇨를 앓긴 했지만 그해 설에 만나 함께 식사한 지도 얼마 되지 않았기에 그렇게 갑자기 돌아가실 줄은 꿈에도 생각하지 못했다.

생각해보니, 건강 상태를 떠나서 예전보다 기운이 없다는 느낌은 있었다. 아버지는 약한 소리를 하는 사람이 아니어서 어떤 상황에서도 "괜찮아, 괜찮아." 하며 태연하게 넘기는 호걸이었다. 하지만 근래 들어서는 말씀은 그렇게 했어도 좀 힘들어 보였다.

나는 아버지 회사의 내부 사정을 눈곱만큼도 몰랐지만, 왠지 기운 없는 모습을 보며 사업이 순조롭지 않구나 하는 느낌은 있었다. 그때 어렴풋이 눈치챘으면서도 판도라의 상자를 열기가 두려워 보고도 못 본 체했던 것이다.

'아버지 건강이 나빠지면 어떻게 될까? 혹시 돌아가시기라도 하면….'

그런 생각을 입 밖에 내면 싫든 좋든 현실을 직시할 수밖에 없다. 하지만 지금 돌이켜보면 그때 내가 무엇을 해야 했는지는 명확하다. 사업을 이어받든지, 이어받지 않든지 우선은 현재 상황을 파악해야만 했다.

문제는 한시라도 빨리 찾아내는 편이 낫다. 기린맥주에서는 당연하게 해왔던 그런 일이 가업에 관해서는 불가능했다. 나는 두 손 놓고 멀찌감치 떨어져 아버지를 바라보기만 했을 뿐이었다.

어머니도 내게 일절 회사 이야기를 하지 않으셨다. 아버지가 "쓰요시한테는 말하지 마." 하고 못을 박았을 터였다. 나를 끌어들이기에는 딱하다고 여겼던 것인지도 모르지만, 그 이상으로 '사업이 어려운 모습을 아들에게 보이고 싶지 않다.'라는 아버지로서의 자존심을 지키고 싶은 마음이 더 강했으리라 짐작한다.

어찌 되었든 나는 아내에게 소식을 전해들은 그 순간부터 내 인생에서 가장 두려워하던 운명과 마주하게 되었다.

2주일간 휴가를 내다

아버지의 장례는 1월 24일과 25일에 이루어졌다. 회사장으로 치러졌지만 나는 직원들에 관해서는 아무것도 몰랐다. 어리벙벙한 상태에서 장남으로서 조문객을 받고 어찌어찌 화장까지 마쳤다.

장례식이 끝난 후에는 금융기관 두 곳에서 문상을 받았다. 한 곳은 대형은행으로 지점장 대리가 와 있었다. 또 한 곳은 지역 신용금고로 중역이 와 있었다.

두 은행 모두 이야기는 한결같았다.

"저, 앞으로 회사는 어쩌실 생각이신가요?"

어떻든 저떻든 나는 아직 혼란스러워서 그런 판단을 할 만한 상황이 아니었다. 물론 기린맥주를 그만둘 생각도 없었다.

그래서 "저는 직장에 다니고 있는 데다가 한시라도 빨리 업무에 복귀해야 해서…." 하고 대답했다. 그러자 대형은행에서 쐐기를 박듯 말했다.

"만일 아드님이 회사를 물려받지 않는다면 어머님께서 사장 자리에 앉아야 하는데, 그래도 괜찮으시겠어요?"

당시 어머니는 예순이 넘은 나이였고, 경영에 관해서는 문외한이었다. 아무리 생각해도 갑자기 없어진 독재자형 사장의 뒤를 잇기는 무리였다.

그러나 괜한 말을 꺼낼 수도 없는 터라 "죄송합니다. 지금은 그런 생각을 할 겨를이 없어요."라고 대답하며 그만 돌아가 달라고 청했다.

다음에 내 앞에 나타난 사람은 아버지 회사에서 사무를 거의 혼자서 도맡아 하고 있다는 50대 여사원 F씨였다. F씨는 난감한 표정으로 질문 세례를 퍼부었다.

"내일부터 저희는 대체 어떻게 하면 되죠?"

"누가 수표를 끊어주고, 누가 인감을 관리하나요?"

F씨와는 거의 면식이 없었다. 예전에 내 결혼식인가 어딘가에서 만난 일이 있다고 했지만, 솔직히 나는 기억나지 않았다.

"도장을 찍어줄 사람이 아무도 없어요. 수표에 도장 좀 찍어주시면 안 될까요?"

이야기를 들어보니 유사와에 사무직원은 F씨 한 명뿐이고 나머지는 모두 시간제 직원이라고 했다. 게다가 아버지가 세세한 부분까지 죄다 관리해서 대신 지시를 내릴 만한 사람도 없었다. 사무실 상황은 정말이지 '엉망진창'이었다.

이것 참 난감하게 됐구나 싶었지만 여태껏 아버지를 도와 애써줬을 직원이 당혹스러워하는 모습을 본체만체할 수는 없었다. 나는 기린맥주 상사에게 전화해서 사태가 수습될 때까지 2주 정도 휴가를 내기로 했다.

사장님

처음 찾은 아버지 회사 사무실은 하라주쿠에 있는 기린맥주와는 천양지차로, 우중충하고 시큼한 냄새가 코를 찔렀다.

'처참하구나.'

하지만 그런 데 신경 쓸 여유는 없었다.

아버지 의자에 앉아 인감을 떠맡았다. 수표 같은 건 제대로 다뤄본 일도 없었지만 F씨가 말하는 대로 도장을 찍고 또 찍었다.

하루, 이틀, 그런 일을 계속하고 있자 경영자로서 판단이 필요한 안건이 잇따라 몰려왔다. 나를 만나고 싶다는 사람이나 전화도 많았다.

"건물주한테 전화가 왔는데⋯."

"이러이러한 사람이 지금 바로 만나고 싶다는데⋯."

애초부터 "저는 도장만 찍어드리겠습니다."라고 못 박아두었지만, 그렇더라도 지금은 사장 자리에 앉아 있는 몸이어서 무시할 수도 없는 노릇이었다.

F씨는 지금까지도 우리 회사에서 활약하는 유능한 직원이지만, 당시에는 아버지가 모든 일을 독재적으로 지휘했기 때문에 F씨도 사장인 아버지의 지시만 충실히 이행하면 되었다. 그래서 새로운 문제가 생길 때마다 누구와 상의하면 될지 몰라

우왕좌왕했다.

"그럼 제가 전화 받아볼게요."

"어쨌든 한번 만나보죠."

안면조차 없는 매장의 점장들과 전화로 이야기를 나누고 "잠시 사장 자리를 대신하고 있는 아들 됩니다만…" 하며 사람들을 만나는 사이에 어느덧 나는 온갖 문제의 '창구' 역할을 하고 있었다. 그러면서 점점 끝없는 늪으로 빨려 들어가는 느낌이었다.

"사장님, 이건 어떻게 처리할까요?"

일주일 정도 지났을 즈음, 직원들이 나를 사장이라고 부른다는 사실을 깨닫고 경악을 금치 못했다. 어느새 주위에서는 나를 아버지 자리를 물려받은 유사와 사장이라고 인식하고 있었다.

개운치 않았다. 아니, 그 정도가 아니라 큰 소리로 부정하고 싶었다. 하지만 한편으로 혼란스러운 상황을 직면한 첫날부터 어렴풋이나마 각오한 것도 사실이었다.

'아무래도 내가 어떻게든 해야 할 것 같아. 누군가가 책임지지 않으면 회사는 파산할 거야. 그러면 직원들은 눈앞이 캄캄해질 테고, 은행에도 큰 폐를 끼치게 되겠지. 장남으로서 이 회사를 물려받아야 할지도 모르겠구나.'라고 말이다.

400억 원이라는 숫자의 임팩트

기린맥주에서의 만족스러운 회사생활, 꿈에 그리던 이상적인 가정생활, 그런 삶을 실현하고자 지금까지 내가 해온 노력…. 그런 것들이 머릿속을 맴돌았지만 그와 동시에 회사가 망했을 때 주위에 입힐 피해, 어머니의 당혹스러워하는 표정, 고맙다는 말조차 전하지 못한 채 세상을 떠나버린 아버지의 얼굴이 떠올라서 도저히 모른 척할 수는 없었다.

그리고 '그래, 내가 회사를 물려받자.' 하고 결심한 후에야 비로소 나는 '주식회사 유사와'의 결산서를 들여다보았다.

내용을 확인한 순간, 말 그대로 털썩 주저앉았다. 온몸에 힘이 풀려서 의자에서 일어설 수 없었다.

부채총액 40,000,000,000원

내역은 주거래 은행인 지역 신용금고에 280억 원, 부거래 은행인 대형은행에 120억 원이었다. 당시 연매출이 200억 원이었지만, 매출보다 부채가 두 배나 많았다.

잘못 본 것이라 믿고 싶었다. 잘못 본 것이기를 바라는 심정으로 몇 번씩이나 샅샅이 훑어보았다. 그러나 몇 번을 확인해 봐도 400억 원이라는 금액은 틀림없었다. 진부한 표현이지만 머릿속이 새하얘졌다.

'아니, 이게 진짜야? 이걸 어떻게 하라고….'

일반적으로 '회사 부채가 월매출보다 세 배 이상 많으면 위험하다.'는 사실은 알고 있었다. 그래서 50억 원쯤 빚이 있을지도 모른다고 각오했었다.

그런데 400억 원이라니, 자릿수가 다르지 않은가!

회사원인 내가 상상할 수 있는 '큰돈'의 수준을 월등히 넘어선 금액이었다. 결산서에 쓰여 있던 그 숫자의 임팩트는 평생 잊지 못할 것이다.

나는 황급히 어머니를 추궁했지만 그런 사실은 까맣게 모르고 있었다. 어머니는 '엄청난 빚'이라는 정도는 알고 있었으나 구체적인 금액까지는 들은 바가 없는 모양이었다.

몇몇 매장을 정리해서 손익을 따지지 않고 헐값에 매각하면 150억 원 정도는 마련될 듯했다. 그 돈을 즉시 상환하면 남는 부채는 250억 원. 당시 경상이익과 감가상각비를 합친 금액인

5억 원으로 계산하면 은행 말대로 400억 원을 다 갚는 데 걸리는 세월은 '80년'이었다. 250억 원의 채무초과 상태*에서 벗어나는 데만도 50년은 걸렸다. 그때가 되면 나는 각각 115세와 85세가 된다.

게다가 그것도 지금 이익이 유지될 경우의 이야기였고, 실제로는 몇 년 전부터 매출과 이익 모두 줄어들고 있었다. 결국 상식적으로 생각했을 때, 빚을 다 갚으려면 100년은 족히 넘게 걸린다는 소리였다.

기업으로서는 확실히 가망이 없는 상태였고, 내 인생도 끝장난 것이나 다름없었다.

도망갈 방법은 없다

처음으로 결산서를 본 시점에 나는 연대 보증인이 아니었다. 이 이야기를 하면 많은 사람이 "왜 그때 회사를 청산하지 않았느냐."고 묻는다.

나 역시 그렇게 생각한다. 그러나 그것은 거품경제 붕괴 후에 수없이 많은 회사가 줄줄이 도산하면서 모두 '잃어버린

* 부채가 자산보다 많은 상태

20년*'을 겪었기에 가능한 발상이다.

당시에는 쉽사리 파산할 수 있는 풍조가 아니었다. 채무자의 사업이나 경제적인 재생을 지원하는 '민사재생법**'이 시행된 것도 2000년이었고, 개인파산을 하지 않는 한 사업을 정리할 수 없는 시절이었다.

지금이라면 지식도 있고 법률도 마련되어 있기 때문에, 무엇보다 아비규환의 아수라장을 경험했으니 당당하게 사업을 정리한 후 금융기관에 "이렇게 했으면 좋겠는데, 받아들여 주시죠." 하고 제안하고 미련 없이 기린맥주에 복귀할 것이다.

하지만 당시에는 '이렇게 된 이상 내가 전부 갚아야 해. 어떻게든 내가 책임지자.'라고만 생각했다. 공교롭게도 의논할 만한 사람도 없었다.

채권자 측에서야 창구 역할이랄까, 책임질 만한 사람을 세우고 싶으니 "당신이 물려받을 거죠?" 하며 몰아세운다. 이쪽에서 "모릅니다. 내 알 바 아니에요."라고 수십 번 말한들 "30대 중반이나 돼서 '모른다'라니, 한심하군요." 같은 말만 들을 터였다.

---

* 1991년 이래 계속된 일본의 장기 불황을 일컫는 말
** 한국의 기업회생절차와 유사

요즘도 종종 생각하곤 한다. 그 휘말려 들어가는 듯한 느낌은 무엇이었을까. 그때 나는 어떻게 행동해야 했을까. 어떻게 해야 빚을 물려받지 않고 마무리 지을 수 있었을까.

그러나 사장실에서 2주 동안 급한 일을 처리하는 사이에 지금 내가 빠져나가면 회사는 아수라장이 될 것이라는 사실을 깨닫게 되었다.

게다가 지금 내가 모두 내팽개치면 거래처까지 큰 손실을 입는다는 사실도 알게 되었다. 한 달에 나가는 지불액이 십몇억 원 이상이나 되는데, 그 돈을 지급하지 않는다면 영세한 납품업체가 줄줄이 도산할 것은 불 보듯 뻔했다. 그것만은 되도록 피하고 싶었다.

나는 아버지에 대한 고마움과 열등감이 복잡하게 뒤얽혀 있었다. 그 이전까지 나는 대기업 근무네, 글로벌 비즈니스네 하며 콧대가 높아질 대로 높아져 있었다. 하지만 그런 경력을 쌓을 수 있었던 것은 모두 부모님 덕분이었다. 보통 부모에게 그렇게까지 지원받을 수 있는 자식이 많지 않다는 사실도 알고 있었다.

나는 무서운 아버지에게 반발하면서도 고마워하는, 열등감 같은 감정을 줄곧 품어왔기에 가족들이 막상 곤궁에 빠졌을 때 "나랑은 상관없는 일이다."라거나 "내 힘으로 여기까지 왔다."

라고는 말할 수 없었다.

　나는 아버지와 나눈 대화 중에 지금까지도 땅을 치며 후회하는 것이 있다. 아버지는 돌아가시기 몇 해 전부터 여러 차례 내게 똑같은 질문을 하셨다.

　"너 얼마나 버냐? 무슨 일 해?"

　그 속뜻은 분명 '돌아와다오.'였을 것이다.

　그 무렵에는 해외 출장도 많고 각종 수당이 붙어서 월급이 꽤 많았다. 게다가 의기양양하게 일하던 때라 거들먹거리며 "이만큼 받아요."라고 대답하였다. 정말이지 어리석기 그지없었다.

　그 말을 들은 순간 아버지 얼굴에 비친 쓸쓸한 표정이 뇌리에서 떠나지 않는다. 이미 사업이 궁지에 몰린 시기였을 터라 내가 돌아와 주었으면 싶었겠지만 그렇게 많은 월급을 줄 만한 여건이 아니었을 것이다. 이후로 아버지는 그 질문을 두 번 다시 입 밖에 내지 않으셨다.

　만일 아버지가 쓰러졌을 때 구사일생으로 목숨을 건졌다면?

　그랬다면 나는 합리적이랄까, 조금 더 침착하게 행동했을 것이다. 아버지를 두려워하면서도, 거침없이 설득했을 것이다.

　"이대로는 방법이 없어요. 지금이 기회예요. 제발 부탁이니

개인파산을 신청하세요. 교섭이든 사죄든 내가 다 할게요. 아버지는 남들한테 고개 숙이지 않아도 돼요. 지금까지 직원들과 가족을 돌보느라 많이 힘드셨을 테니 이제 편히 쉬세요. 뒷일은 제가 다 알아서 할게요. 대신 개인파산만 해주세요."

하지만 실제로는 돌아가셨기 때문에 회사는 혼돈에 빠졌고, 나도 모르는 새에 빠져나갈 수 없는 상황에 처하고 말았다.

피할 수 있으리라 생각했는데 삽시간에 거센 소용돌이로 빨려 들어가는 느낌이었다. 아무리 오른쪽으로 핸들을 꺾어도 맹렬하게 왼쪽으로 돌진하는 차를 타고 있는 듯한, 형용하기 힘든 느낌이었다.

대기업을 퇴사하다

나는 기린맥주를 그만두기로 결심했다.

'이제 퇴사 이야기를 꺼내야 하는데, 지금 내가 그만두게 되면 회사에 피해를 입히게 될 거야. 어쩌면 진행 중인 프로젝트에 큰 차질이 생길지도 몰라.'

마음을 굳게 다잡고 퇴사 승인을 받으려고 상사에게 면담을 요청했다. 그러자 상사는 깊이 동정하며 곧바로 "자네가 많이 힘들겠군 그래. 여기 일은 걱정 말고 가업에 집중하게." 하고 말했다.

　내 사정을 이해해준 데다가 "힘내게."라고 말하며 보내주었지만, 나는 그 배려가 고마우면서도 지나치리만큼 순조롭게 퇴사가 받아들여져서 맥이 탁 풀렸다.

　후임자 인수인계에 대한 우려를 표하자 "괜찮아, 괜찮아. 인수인계도 별로 필요 없어."라고 말했다. 실제로 나는 그 후에 제대로 출근도 못 한 채 퇴사했다. 내가 하던 일은 다른 직원이 이어받아 아무 일도 없었다는 듯 돌아가기 시작했다. 대기업은 참 대단하다는 생각이 들었고, 동시에 대기업에서 개개인의 능력은 그리 중요하지 않다는 사실을 처음으로 깨달았다.

　물려받은 회사는 정말이지 지옥 그 자체였기 때문에 나의 존재가치를 한탄할 틈도 없었다. 그래도 눈앞에 닥친 '대신할 사람은 얼마든지 있다.'는 현실은 가히 충격적이었다.

　이때까지 열심히 일하며 보람을 느낀 나는 대체 무엇이었을까. 그리고 앞으로 내 인생은 어떻게 되는 걸까. 나는 태어나서 처음으로 진지하게 내 인생과 정면으로 마주했다.

아버지와 나의 거리

　나는 1962년 가나가와 현 가마쿠라 시 오후나에서 태어났다.

뜻하지 않게 내가 물려받게 된 주식회사 유사와의 초석은 1960년에 아버지가 이 오후나 지역에서 시작한 중화 요리점이었다.

음식점 하나로 시작해 사업을 확장한 아버지는 그 지역에서 입지전적 인물로 여겨졌다. 어릴 적에 길을 걸어가면 동네 어른들이 자주 "네가 유자와 씨 아들이로구나." 하며 말을 걸어오곤 했다.

내게 아버지는 가까이하기 어려운 존재였다. 기질이 거칠기로 유명한 요리 장인들을 통솔하며 서른세 곳의 매장을 운영하는 이자카야 그룹을 만들어낸 사나이다. 어린 눈에도 고압적이고 무서운 사람으로 비쳤다.

약간 과장해서 말하자면 집에서 아버지 기침 소리만 들려도 움찔했다. 그리고 어쩔 수 없이 내가 먼저 말을 건네야 할 때는 늘 존댓말을 써야 했다.

손찌검을 당한 일은 거의 없었다. 무서워서 애초에 화나게 할 만한 일은 하지도 않았다. 오로지 아버지를 슬금슬금 피하기 바빴다. 불화가 있기 전이었는데도 마음을 열고 속을 터놓은 일이 한 번도 없었다. 세상에 이런 부자관계는 그리 드물지 않을 것이다.

아버지는 장사에 여념이 없어서 가족과 보내는 시간이 거의 없었기 때문에 바로 떠오르는 좋은 기억은 거의 없다.

예를 들어 초등학생 때는 친구에게서 걸려온 전화를 아버지가 일방적으로 끊는 게 너무 싫었다. 그 당시에는 집과 사무실이 붙어 있어서 두 개의 전화번호를 모두 회사용으로 썼는데, 친구에게서 전화가 오면 아버지는 "시끄럽다!" 하고 호통을 치셨다. 가게에 문제가 생겨 신경이 곤두서서 그랬을 테지만 친구의 말이 느려 터졌다며 끊어버린 적도 있었다.

제발 친구한테만은 그러지 마, 내심 불만스러웠지만 무서워서 대들 생각은 하지도 못했다.

어머니는 아주 다정다감했다. 옛날에는 가게 살림을 맡아 했던 어머니는 원래부터 시원시원한 성격이어서 아버지에게 거리낌 없이 할 말을 했다. 두 분의 사이가 나쁘지는 않았지만 부부싸움이 끊이질 않았다.

어머니와 함께한 추억 가운데 가장 먼저 떠오르는 것은 가족여행이다. 아버지는 일밖에 몰라서 가족이 다 함께 외출하는 일은 거의 없었지만, 어머니는 그런 우리가 안쓰럽다며 혼자서 아이 넷을 데리고 이즈 제도의 니지마 섬 등 이곳저곳을 보여주었다.

어머니는 당신들이 정신없이 일하는 만큼 자식에게는 많은 경험을 쌓아주려 했다. 기숙사제 사립 중고교에 진학한 것도, 고등학생 때 1년간 해외 유학을 다녀온 것도 필시 어머니의 그런 마음 덕분이었다고 생각한다.

어머니에 관해서는 이런 강렬한 추억도 있다. 1965년에 아버지가 2호점을 차렸을 즈음 바로 아래 남동생이 태어나면서 나는 유치원에 들어가기 전까지 외가에 맡겨졌다. 어머니는 토요일에 나를 만나러 와서 일요일 밤이 되면 돌아갔다. 그때 느낀 '이제 다시는 못 만나는 게 아닐까?', '버림받는 게 아닐까?' 하는 공포는 아직도 또렷하다.

그런 까닭으로 아버지가 급작스럽게 돌아가신 후 내가 빚투성이 회사를 물려받은 가장 큰 이유는 금융기관이 모든 책임을 지우려 하는 상황에 몰린 어머니를 도와야 한다는 마음이었다.

운명의 말 Never, never, never give up

부모님 슬하를 떠나 입학한 곳은 요코하마 시 사카에 구의 야마테가쿠인이라는 전교생 기숙사제 사립 중고교였다. 초등학교 6학년이었던 나는 기숙사에 들어가고 싶지 않았다. 부모님의 강요로 떠밀리듯 가게 되었지만, 막상 입학해보니 학교생활은 즐거웠다.

친구들은 향수병에 걸렸지만 나는 그런 것과도 거리가 멀었다. 호랑이 같은 아버지에게서 벗어나 처음으로 심리적인 여유와 편안함을 느꼈기 때문이다.

그때부터 줄곧 집을 나와 살아서 부모님과 한 달 이상 같은 지붕 아래 있었던 적이 없다. 대학 때는 도쿄에서 혼자 살았고 졸업 후에는 곧바로 취직했다. 이런 사정이 '아버지 일은 물려받고 싶지 않다.' '부모님 집에는 돌아가고 싶지 않다.'는 생각에 더욱 박차를 가했는지도 모른다.

부모님이 야마테가쿠인이라는 학교를 택한 이유는 전교생 기숙사제라는 데 더해 '세계를 무대로 활약하고, 세계에서 신뢰받는 인재를 육성한다.'는 건학정신을 바탕으로 국제교류를 활발히 하는 학교였기 때문이다. 아버지는 자식을 대하는 방식은 서툴렀지만 교육에는 열성적이었다.

고등학교 2학년 때는 미국 워싱턴 주 캐스케이드 하이스쿨에서 교환학생으로 1년간 유학생활을 했다. 이 제도는 내가 미국 가정에 머물며 학교에 다니는 동안, 그 집 아이가 일본에 있는 우리 집에서 기거하는 방식이었다.

미국에 가는 나야 좋지만 우리 가족은 1년씩이나 미국 고등학생을 돌봐야 하니 쉬운 일이 아니었다. 경제적인 지원뿐 아니라 가족의 이해와 노력도 필요한 제도였던 만큼, 지금은 부모님이 베풀어준 은혜에 진심으로 감사한다.

 야마테가쿠인에서는 영어 이외에도 내 인생에 아주 중요한 것을 배웠다. 창립자 에모리 세쓰코 선생의 'Never, never, never give up(절대, 절대로 포기하지 마라)' 정신이다.

 에모리 선생은 일본인 유학생이 드문 시절에 여성의 몸으로 미국 땅에 건너가 갖은 고생을 하면서도 절대 포기하지 않겠다는 기개로 학문에 몰두한 인물이다. 선생님이 영어를 가르치면서 "이 말만은 기억하라."고 수차례 되풀이한 문구가 'Never, never, never give up'이었다.

 설마 이 말이 내 인생을 몇 번씩이나 건져주리라고는 상상조차 하지 못했다. 절망적인 액수의 빚을 갚으면서 자꾸만 꺾이려 하는 내 마음을 지탱해준 것은 에모리 선생의 이 한마디 말이었다.

아버지의 손아귀에서 벗어나다

 1982년, 나는 유학 기간을 포함한 7년간의 기숙사 생활에 이별을 고하고 와세다대학 법학부에 진학했다. 경제학이 아닌 법학을 선택한 이유는 변호사가 되면 "회사를 물려받으라."는 소리를 듣지 않을 것이라는 단순한 생각에서였다.

하지만 그런 마음은 어디론가 사라져 입학한 지 반 년 만에 사법시험 공부에서 손을 뗐다. 도서관에서 주야장천 공부하는 선배들의 모습을 보면서, 또 합격자의 평균 연령이 30세 전후라는 사실을 알게 되면서 '20대를 공부만 하면서 보내고 싶지 않다.'고 생각했다.

그때부터는 대학에 들어가면서 시작한 서핑과 가라테에 열중했다. 경영자로 단련된 지금이야 꽤 우락부락해 보이지만, 나는 원래 방에서 조용히 책 읽기를 즐기는 성격이다. 그래서 특히 가라테 같은 무술은 내 이미지와 어울리지 않았다. 지금 돌이켜보면 무서운 아버지에 대한 열등감과 동경이 복잡하게 얽혀 강해지고 싶다고 생각했던 게 아닐까 한다.

학창 시절에 공부를 소홀히 하긴 했지만 좋아하던 영어 공부만큼은 손에서 놓지 않았다. 재학 중에 실용영어기능검정시험 1급도 땄고, 1년 동안 배낭여행을 하면서 세계 각국을 돌아다녔다.

그 비용을 부담한 것도 부모님이었다. "학창 시절에 아르바이트를 하느니 다양한 경험을 하라."며 대학도 5년이나 다니게 해주었다. 나는 부모님의 경제력에 마음껏 기대며 생활했다. 그런데 아버지에게 감사를 표하기는커녕 말도 제대로 섞지 않앉으니 뻔뻔스럽기 짝이 없다.

 취직을 진지하게 생각할 시기가 되면서, 나는 유학 시절에 일본인이라는 정체성을 강하게 인지한 경험을 바탕으로 일본 제품이나 일본 문화를 세계에 알리는 일을 하고 싶었다.
 가업을 이을 마음은 눈곱만큼도 없었다. 그것만은 절대 피하고 싶었다.
 아버지와 나는 성격이 완전히 정반대였다. 창업자인 아버지는 꿈을 좇아 돌진하는 담대한 사람이었다. 직원들이 전화로 "아무개가 출근하지 않는다." "가게에 이런 문제가 생겼다."고 보고하면 "멍청한 자식!" 하며 호통치곤 하셨다.
 내향적인 나는 매일 아침 그런 아버지를 보면서 저런 일은 절대 하고 싶지도 않고, 할 수도 없다고 생각했다.
 일단 졸업하면 다른 회사에 취직하고 싶다고 말하자 아버지는 연고가 깊은 맥주회사와 손해보험회사를 소개해주셨다. 내심 내가 가업을 이어주기를 바랐지만 아무런 말씀도 하지 않으셨다.
 소개해준 회사에 찾아가니 거품 붕괴 전에 호황을 누리던 시절이기도 해서 한 회사의 인사 담당자는 "아버님께는 늘 신세를 지고 있습니다. 우리 회사에 올 생각이 있다면 바로 자리를 마련해두죠." 하고 말했다. 순간적으로 솔깃했지만 곰곰이 생각해보니 취직자리까지 아버지의 힘을 빌린다면 그 손아귀에서 벗어나지 못할 듯했다. 언젠가 끽소리도 못 내고 회사를 물려받아야 할지도 모를 일이었다.

더욱이 그때 아버지 입에서 새어나온 "취직까지 뒤치다꺼리를 해야 하니, 원…."이라는 말 한마디에 나는 일자리를 스스로 찾아 나서기로 했다. 그곳이 기린맥주였다.

자신 있었던 영어를 활용하며 일하려면 다른 업계를 선택하는 게 나았지만, 기린맥주로 결정한 이유는 "아버지가 소개해준 회사보다 더 큰 회사에 내 힘으로 들어갔다."고 말하고 싶었기 때문이다. 유사와가 거래하는 맥주회사의 경쟁업체에 들어가면 아버지도 돌아오라고는 못하겠지, 라고 생각했다.

내가 기린맥주에 들어갔다고 말하자 체면이 구겨질 대로 구겨진 아버지는 역정도 내지 않고 "그러냐."라고만 하셨다. 그리고 놀랍게도 "앞으로 우리 가게 맥주는 전부 기린으로 바꾸마." 하고 말씀하셨다. 물론 "그러지 마세요."라고 말렸지만 아버지는 도망치려고만 하는 나에게 어떻게든 마음을 써주셨다는 사실을 이제는 잘 알고 있다.

어쨌든 장남으로서 가업을 돕는다는 선택에서 도망치기 위해 기린맥주에 입사한 이상, 나는 반드시 성공해야만 했다.

무슨 일이든 가업을 잇는 것보다는 낫다

기린맥주에 입사해 연수를 받은 후에 배치된 곳은 한 지방 도시의 규모가 큰 지점이었다. 나는 영어가 가능하고 해외 경험도 풍부하니까 당연히 해외사업부에 배정되리라 믿었다. 이는 초년생이 흔히 하는 착각이다.

희망과 달리 영업직으로 발령받아서 시내에 있는 주류 판매점 200여 곳을 담당하게 되었다. 그 지점에는 당시 사내에서 전설이 되었을 정도로 혹독하게 일을 시키는 지점장이 있었다. 원래 영업에 자신이 없던 나는 그 지점장 밑에서 그야말로 땀범벅 흙범벅이 되며 일하는 신세가 되었다.

게다가 불운하게도 내가 입사한 해에 경쟁사인 아사히맥주가 공전의 히트 상품을 발매하면서 전국을 석권했다. 어디에 가도 '슈퍼드라이'라는 상품명이 들렸다.

유통업체를 상대하는 일도 만만치 않았다. 그때까지 업계 선두를 독주하며 '배짱 장사'한다는 소리를 듣던 기린맥주는 영업에 그리 큰 공을 들이지 않아도 저절로 팔리는 상황이 오래도록 계속되어 왔다. 그렇기 때문에 영업 담당자에게 쏟아지는 비난은 상당했다. 주류 판매점, 도매상, 음식점의 불만이 쌓일 대로 쌓인 상황이었다.

"기린맥주 영업사원이라고? 우리 가게엔 처음 오는군." "잘

봐. 기린맥주, 당신네가 그렇게 거들먹거리다가 이 모양 이 꼴이 난 거라고." 하며 거칠게 비난했다.

주류 판매점에 방문했다가 가게 앞에서 몇 시간 동안 예전 담당자에 관한 불평을 듣거나, 거래를 트려고 무작정 찾아간 술집에서 물벼락을 맞은 일도 있었다. 영업이 처음이었던 나는 인생의 쓴맛을 본다는 말이 이런 건가 싶었다. 어디를 가도 패배의 연속이어서 매출은 쭉쭉 떨어지기만 했다.

그래도 나는 굴하지 않았다. 기린맥주에서 제대로 자리 잡지 못하면 집으로 돌아가 아버지 뒤를 이어야 했다. 낙오자가 되어서 '역시 아버지 회사를 물려받는 것 말고는 방법이 없겠구나.' 하고 생각하게 될까 봐 두려웠다. 그 무시무시한 아버지의 사업을 이어받는다는 생각을 하면 어지간한 일은 견딜 수 있었다.

그렇게 '싫어하는 일이라고 낙담하지 않고, 괴롭다고 해서 포기하지 말고, 재미없는 일에서 스스로 재미를 찾으면 결국 결과를 낸다.'라는 일의 기본을 이 시기에 배웠다. 그때만 해도 이것이 훗날 내 인생에 큰 도움을 주리라고는 꿈에도 생각지 못했다.

운명은 정해져 있었다

당시 내가 익힌 것 중 '일점돌파 一點突破·전면전개 全面展開'라는 전략이 있다.

경쟁 기업인 X사의 맥주 공장이 있는 지역을 담당할 때의 일이다. 소비자도, 주류 판매점도 그 고장에 있는 공장에 대한 애착이 남달라서 기린맥주로서는 완벽히 불리한 시장이었다. 영업차 들러 인사하는 것만으로도 마음이 천근만근이었다.

하지만 상대가 아무리 강하다 한들 점유율이 100퍼센트가 아닌 이상 모든 사람이 X사의 팬은 아니다. 안티팬은 반드시 존재하는 법이다.

나는 그렇게 생각하며 한 매장만이라도 '내 편'을 만들고자 힘썼다. 나 같은 사람을 따뜻하게 맞아주는 판매상을 찾았고, 그 매장을 거점 삼아 서서히 협조적인 주류 판매점을 늘려갔다.

사면초가 상황에서는 무엇이 되었든 원활한 것을 하나 만든다. 그런 후에 옆으로 확장해간다. 이 전략이 뒷날 큰 보탬이 되었다.

'이미지에 얽매이지 않고 이론적으로 생각한다.'는 자세도 기린맥주에서 배웠다.

선배들은 강력한 경쟁 상품 출현을 한탄했지만 나는 애초에

'좋았던 시절'을 몰랐다. 게다가 주류 영업은 이렇게 하는 것이라는 선입견도 없었으므로 기존 상식이나 습관에 구애받지 않고 객관적이고 이론적으로 세일즈 기법을 재검토할 수 있었다.

어느 회사든 비슷하겠지만 당시 영업현장에는 왜 그런 행동을 하는지 이해되지 않는 일들이 지나치게 많았다. 극단적인 예로 어떤 직원이 '상품 상하차를 앞장서서 도왔더니 까다로웠던 A판매점 사장과 사이가 좋아졌다.'라는 성공 경험이 들리면 모든 영업사원에게 "일단 상품 상하차를 도와라."는 지시가 떨어지는 식이었다.

하지만 그 선배의 성공은 어디까지나 개인적인 사례일 뿐, 영업사원이나 고객이 바뀌어도 항상 통용하는 방법이라고 단정 지을 수는 없다. 게다가 '왜 그것을 하는가?'라는 본래 목적에 대한 이해 없이 영업의 기본으로 계승되었다. 중요한 점은 상품 상하차를 돕는 게 아니라 '고객의 마음을 열어 신뢰관계를 쌓는 것'이다. 그러기 위한 방법은 무엇이든 상관없다.

그런 깨달음을 얻은 나는 항상 '일반화'를 염두에 두었다. 다양한 사항에서 귀납적으로 교훈을 추출하였다. 일반화하지 않으면 다른 사람과 노하우를 공유할 수 없다. 또한 고유한 사례에 지나치게 얽매이면 아무리 좋은 성공 체험이라도 재현성이 없는 가르침이 되고 만다. "저 사람이 했으니 너도 할 수 있다."

라든가, 반대로 "저 사람이니까 가능했고 나는 불가능하다."라고 말하는 이유는 그 때문이다.

그래서 나는 성공 체험 하나하나를 누구라도 재현할 수 있는 형태로 정리하여 '영업 달인이 되는 50가지 사례'라는 매뉴얼을 만들었다. 그 노력을 인정받아 회사에서 표창을 받았고, 매뉴얼은 책자 형태로 전국 지점에 배포되었다.

거기에 덧붙여 의리와 정으로 끈끈하게 맺어진 세계를 정말이지 지긋지긋할 정도로 경험했다. 술집의 정리를 도와주거나, 끈덕지게 찾아가서 오로지 열정으로 상품을 파는 등 과학적인 마케팅이나 논리와는 동떨어진 부분에서 결과가 나온다는 사실을 깨달았다.

원래 논리적인 성격이라 합리성을 중시하는 내가 20대에 이런 경험을 하지 않은 채 경영자가 되었다면 어떻게 되었을까. 옳고 그름만 따지고 들던 풋내기 경영자는 눈앞에서 벌어지는 부당하고 비합리적인 일들을 견뎌내지 못하고 일찌감치 회사를 무너뜨렸을 것이다.

마치 훗날 나를 덮칠 운명이 예행연습이라도 시키듯 나는 기린맥주에서 차곡차곡 일을 배워가고 있었다.

화와 복은 꼬여 있는 새끼줄과 같다

어느 날 갑자기 상사의 추천으로 해외 주재가 결정되었다. 인사부 인재개발실 뉴욕 주재원으로 꿈에 그리던 뉴욕으로 발령이 난 것이다. 1992년 12월, 서른 살이 되던 해였다.

뉴욕에서 보낸 2년은 사회에 나온 이래 가장 행복한 시절이었다. 최고급 지역에 있는 집을 나서면 바로 브로드웨이와 센트럴파크가 펼쳐졌고, 창을 열면 내려다보이는 뉴욕 거리는 특별했다.

낮에는 미국 슈퍼마켓을 돌아다니며 영업을 했고, 밤에는 뉴욕대학에서 경영학을 배웠다. 수업을 마친 후에는 뉴욕 비즈니스맨인 클래스메이트들과 함께 우르르 번화가로 몰려나가곤 했다.

행복한 2년을 보내고 귀국하자 이번에는 신규 사업인 의약 사업 본부에 배치되었다. 해외 담당으로서 중국, 대만, 홍콩, 한국 등 아시아를 중심으로 세계를 넘나드는 나날이었다.

맡은 업무는 해외 자회사 관리였다. 관리라고 하기엔 주제넘지만, 현지 사장을 도우며 손익계산서와 재무상태표를 읽는 지식과 사업계획 입안 같은 일을 배울 수 있었다. 특히 논리적이고 일관성 있는 계획을 수립하는 데 단련되었다. 경영에 관한 숫자는 그때 읽을 수 있게 되었다.

사생활에서도 연말연시나 골든위크*, 여름휴가 때마다 아내와 함께 이탈리아, 하와이, 카리브 해, 마이애미 등으로 해외여행 삼매경이었다. 뉴욕 주재원 시절처럼 일과 병행해 야간대학원에 다니면서 경영학 석사학위도 취득했다. 일, 공부, 신혼생활을 이보다 더 좋을 수 없을 만큼 충실하게 보냈다.

지금 돌이켜보아도 아니꼬울 만큼 행복에 도취한 인생이었다.

하지만 화와 복은 꼬여 있는 새끼줄과 같다. 정말이지 그 말 그대로였다.

아버지 회사를 물려받은 이후, 그렇게 좋아하던 여행은 두 번 다시 가지 못했다. 16년간 단 한 번도 말이다. 해외여행은커녕 국내여행도 제대로 간 적이 없다. 오사카 나들이조차 하지 못했다. 이틀 연속으로 회사를 쉰 적도 없다.

기린맥주 시절에는 곧 해외 자회사로 발령 날 예정이어서 바야흐로 꿈꿔 마지않던 인생이 시작되려 하고 있었다. 그런 즐거운 나날이 갑자기 강제 종료된 때는 1999년 1월 21일이었다.

* 4월 말부터 5월 초에 걸쳐 약 일주일간 이어지는 일본의 연휴

바닥보다 더 깊은 바닥

도망칠 기력조차 사라질 만큼 가혹한 현실

ㅡ남은 빚ㅡ

1999. 01
~ 2000. 04

원금　　　40,000,000,000₩
갚은 금액　　6,000,000,000₩

TOTAL　　34,000,000,000₩

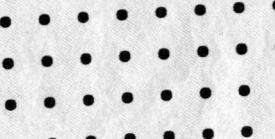

● = 10억

- (주)유사와 -

서른세 개 매장에 점장은 고작 두 명뿐

내가 회사를 물려받았을 때 유사와는 주력인 해산물 이자카야 외에도 규동* 전문점인 요시노야의 프랜차이즈, 서양식 이자카야, 회전초밥점, 노래방, 사우나, 마작 게임장 등 다양한 분야의 매장 서른세 곳을 운영하고 있었다.

당시에는 일본 각지에 이런 회사가 많았다. 경영 노하우나 그 분야에 대한 열정도 없이 주먹구구식으로 사업을 확장한 탓에 우리 회사처럼 벽에 부딪친 곳이 상당히 많았다.

그런데 유사와는 운영 방식을 말하기에 앞서 조직의 형태조차 제대로 갖춰져 있지 않았다.

* 일본식 소고기덮밥

우선 점장이 두 명밖에 없었다. 매장은 서른세 곳인데 점장은 고작 두 명뿐이었다.

어떻게 봐도 이상했다. 얌전한 성격에 리더십도 강해 보이지 않는 두 사람이 등 떠밀려 억지로 맡은 듯한 모양새로 전체 매장의 점장을 겸임하고 있었다. 다시 말해 모든 매장은 자동 운영, 즉 '방치 상태'였다.

각 매장에는 스포츠 신문의 '요리사 급구'라는 세 줄짜리 구인 광고로 모인 뜨내기 요리사가 2~5명 정도 상주하였고, 돈 관리와 고객 응대는 책임감이 강한 시간제 여사원에게 떠맡긴 상황이었다.

연매출 200억 원의 기업을 통괄하는 본부는 앞서 말했듯 여사무원 F씨가 유일한 직원이었다. 영업부장도, 경리부장도, 총무부장도 없었다. 관리직 직원이라 부를 만한 사람은 F씨와 두 명의 점장뿐이었다. 그 상황에 기가 막혔다. 아무리 아버지가 대단한 독재자형 사장이었다지만, 이 체제는 해도 해도 너무하다 싶었다. 돌아가는 게 신기할 지경이었다.

F씨에게 물어보니 여기에는 사연이 있었다. 아버지가 돌아가시기 몇 년 전에 영업부장과 관리부장이 나란히 퇴사한 후 근처에 우리와 똑같은 이자카야를 오픈했다고 한다. 그 가게가

큰 성공을 거두어 매장을 다섯 개까지 확장하면서 유사와가 키워온 점장과 조리장을 빼갔다고 했다. 그때 이미 예순다섯이 넘었던 아버지는 얼마나 분통이 터졌을까.

게다가 당시 고문 세무사와는 세무신고서에 도장만 찍어주는 정도의 관계여서 이런 위기상황에서 도움이 되지 않았다. 나 역시도 상의하러 가면 "저도 잘 모릅니다."라는 말만 되풀이했다.

한편 리더십을 발휘해야 할 나 자신은 어땠는가 하면, 역시 아무런 도움이 되지 못했다. 요식업 경력 제로, 경영 경험 제로, 회사에 대한 이해 제로, 이렇게 삼박자를 고루 갖추고 있었다.

요식업이라면 무조건 피하기만 해서 학창 시절에 아르바이트를 해본 적도 없었다. 고객 응대나 조리도 할 줄 몰랐다. 아는 것이 정말 아무것도 없었다.

기린맥주에서 12년간 일했지만 대기업이다 보니 많은 부하직원을 지휘해본 경험은 없었다.

무엇보다도 나는 물려받은 회사에 관해 털끝만큼도 몰랐다. 빚이 막대하다는 것도 그렇지만, 이렇게까지 아무것도 모르는 후계자라는 점도 특이한 경우일 것이다.

그런 나에게 리더로서의 위엄이나 신뢰는 전혀 없었다. 요식업도, 경영도 문외한인 맏아들이 갑자기 사장입네 하며 나타났으니, 신뢰할 리가 없었다. 게다가 나는 눈앞에 닥친 회사 사정을 직원들에게 일절 알리지 않았다. 당장 망해도 이상하지 않을 회사라고 구태여 직원들에게 전할 용기가 없었다.

회사에는 소위 저항 세력이라 할 만한 직원조차 없었다. 내가 하는 일에 사사건건 "선대 사장의 의향이 어쩌고저쩌고." 하며 반대할 고참 간부도 없었다.

처음부터 지켜봐서 형편을 잘 아는 F씨만은 나를 신뢰해주었지만, 그 이외에는 정말 '아무도 없다.'는 느낌이었다. 그곳은 회사라고 부를 수조차 없는 장소였다.

불가능한 약속을 거듭하는 스트레스

회사를 물려받았다고는 해도 당장 내가 할 일은 '현금흐름표', '선일자수표*', '각서' 이 세 가지를 들고 이곳저곳을 찾아가 사죄하는 것이었다.

"죄송합니다. 현금흐름표를 보시면 아시다시피 현금이 없어요. 지불할 수 있는 금액은 밀린 미지급금 중 1,000만 원뿐입니다. 이번에는 이 선일자수표로 어떻게 안 될까요? 나머지는 다

---

* 발행일자를 실제 발행일보다 늦은 날짜로 기재한 수표

음 달 말까지 무슨 수를 써서라도 마련하겠습니다. 지금 말씀드린 내용을 각서로 써왔으니 아무쪼록 부탁드립니다."

유사와에는 금융기관에 진 빚 말고도 체납액이 모두 합쳐 10억 원이 넘게 있었다. 국세, 지방세, 매입 대금, 수도광열비, 임차료…. 크고 빨간 글씨로 '독촉장'이라고 쓰인 통지서가 상자 가득이었다. 나는 이 체납액을 어떻게든 처리해야 한다는 생각에 식은땀을 줄줄 흘렸지만, F씨는 그런 광경에도 익숙해졌는지 침착하기 그지없었다.

들자 하니 "수도광열비는 끊기기 바로 직전에 낸다."고 했다. 그래서 독촉장이 날아와도 "아직 안 끊기니 괜찮다."는 것이었다. 특히 수도는 사실인지 어떤지는 모르지만 "기본적으로 안 끊긴다."고 믿고 있었고, 그 결과 수도요금만 해도 수천만 원이 체납되어 있었다.

하지만 안 끊긴다고 해서 계속 내지 않으면 높은 가산세와 연체료가 붙는다. 평범하게 직장생활을 하며 상식적으로 살아온 나로서는 믿을 수 없는 상황이었다.

호걸형 사장의 갑작스러운 죽음으로 거래처에도 불안이 번져갔다. 아버지가 살아계실 때라면 모를까, 돌아가셨으니 사정을 봐줄 이유가 없어졌다. 사무실에는 독촉전화가 끊이질 않았다. "웃기지 마!" 하며 고함치는 일은 없었지만, 으레 "확실히 지급해주는 거 맞죠?"라는 식으로 이야기가 진행되어 "네." 하고 대답한 그 순간 '내'가 약속한 당사자가 되어 또 한 발짝 깊숙이 빠져들었다. 이 정신적인 부담은 무겁디무거웠다.

불가능한 약속을 하는 게 너무도 괴로웠다. "이만큼밖에 못 준다."고 솔직히 말하면 받아들이지 않았다. 그래서 지키지도 못할 약속을 하고는 또 사죄했다. 그 순간 약속하고, 몇 주 후에 사과하는 게 정해진 셈이었다.

그래도 아무리 힘들고 싫더라도 이 고비를 넘기려면 거듭 고개를 숙이는 방법밖에 없다고, 사죄하는 게 내 일이라고 생각했다.

가장 괴로운 교섭 상대, 국세국

사죄하는 일 중 가장 괴로운 것은 국세국*과의 교섭이었다.

체납액이 많으면 납부처는 지역 세무서가 아닌 국세국 특수징수 부문이 된다. 그래서 고액체납자는 당시 도쿄 지요다 구

* 한국의 국세청에 해당함

오테마치에 있던 국세국에 정기적으로 방문하여 밀린 세금을 어떻게 낼지 협의해야 했다.

체납세가 5억 원이 넘었던 나는 가나가와 현 가마쿠라 시에서 국세국까지 수도 없이 들락날락했다. 뻔질나게 불려가서 "얼마나 낼 수 있죠?" 하는 추궁을 받았고, 그때마다 납부계획서를 들고 갔다.

신중하게 대처하지 않으면 압류가 들어왔다. 요식업은 가게 건물주에게 맡겨둔 보증금이 압류될 가능성이 크다. 그렇게 되면 신용 불안을 유발하므로 국세국에도 세심한 주의를 기울여 대응해야 했다.

그렇지만 교섭은 만만치 않았다. 체납세액에는 연 14.6퍼센트의 가산세가 붙기 때문에 그것만으로도 연간 7,000만 원이 넘었다. 나는 본세本稅만이라도 서둘러 내고 싶었지만 그럴 여유가 없었다.

"낼 수 있는 돈은 이게 한계입니다. 양해해주십시오!"

"그 금액으로는 받아들일 수 없습니다. 조금 더 어떻게 안 되겠어요?"

그 자리에서 지급하겠다고 약속하면 다른 곳에 줄 돈이 없어진다. 그래서 몇 번이고 설명하면서 손이 닳도록 부탁해도 받아들여 주지 않았다.

화가 치밀어 올라 엉겁결에 "나도 모르겠으니 맘대로 하쇼!" 하고 소리친 일도 있다. 그러자 며칠 후에 정말로 압류 담당자가 가마쿠라 본사에 나타났다. 바로 손이 발이 되도록 빌어 간신히 압류만은 막았다. 그들은 매일같이 비슷비슷한 경영자를 상대하다 보니 연민이나 동정은 통하지 않았다.

신경쇠약에라도 걸릴 듯한 교섭을 이어가면서 조금은 마음이 편해지는 경우도 있었다. 국세국에서는 경영자로 보이는 수많은 사람이 나와 비슷한 협상을 하고 있었다. 묘한 이야기지만 혼자 괴로워하던 내게는 같은 고통을 끌어안은 그들이 동지처럼 여겨져서 그 모습을 바라보며 제멋대로 위로받곤 했다.

은행은 무엇보다도 우선이다

금융기관, 특히 대형은행과의 관계에도 세심한 주의를 기울였다. 왜냐하면 세상에 은행의 '대출 회수'와 '대출 기피'로 인한 도산이 줄줄이 이어지기 시작했을 무렵, 아버지와 절친했던 탄탄한 지역 건설업체가 우리 회사와도 거래하는 은행의 대출 기피로 갑자기 도산했기 때문이다. 그 은행 지점 앞에서 항의 집회가 열리는 소동이 벌어졌지만 지점장은 눈도 깜짝 안 하는 듯했다.

나중에 F씨에게 들은 바에 의하면, 아버지는 울컥 치밀어 오르면 금융기관이든 어디든 테이블을 엎을 기세로 맞서 싸우는 사람이었지만 은행만큼은 늘 신중하게 대했다고 한다.

당시 유사와는 만일 대출 회수는 물론, 다달이 내는 대출 원금과 이자를 인상하기라도 하면 치명적인 타격을 입을 상황이었다. 그리고 과거 행적만 보더라도 안심할 만한 상대는 아니었다.

대출금을 제때 갚지 못하면 은행에서 걸려온 전화를 이리저리 피하는 사람이 많다. 마음이 약해질 대로 약해진 데다가 이미 변명거리도 바닥났을 테니 그 심정이야 이해하고도 남는다.

하지만 나는 이 마당에 피해 다닌들 좋은 일은 하나도 없다고 생각했다. 이 정도로 형편이 안 좋으니, 곤경에 빠진 내가 먼저 연락해서 현재 상태를 설명하는 편이 낫겠다 싶었다. 나는 원래부터 상대에게 나쁜 소식이 오기를 두 손 놓고 기다리지 못하는 성미여서 매달 내가 먼저 "상황을 말씀드리겠습니다." 하며 은행을 방문했다.

그렇다고 해서 그곳에서 나누는 대화가 즐거울 리는 당연히 없었다. 은행 쪽에서 내 설명을 듣고 "알겠습니다."라고 대답해도 "무슨 일이 있는 거라면 지금 말씀해주세요! 아무 일도 없는 거 맞죠? 정말이죠?" 하고 수차례 확인하곤 했다.

성의를 보이려 했다기보다는 상대의 의중이나 사정을 수시로 파악해두지 않으면 어느 날 갑자기 싹둑 잘려나갈 것만 같았다. 이것은 금전관계뿐 아니라 일상적인 비즈니스를 할 때나 상사를 대할 때도 늘 주의를 기울이던 부분이었다.

나는 무엇보다도 은행에서 억지스러운 요구를 하지 않을까 두려웠다. 전화가 걸려오면 움찔했다. 벨소리만 들어도 심장이 바싹바싹 타들어 가는 것만 같았다.

그래서 뭐가 됐든 은행에서 요청한 일이라면 만사를 제쳐두고 가장 먼저 처리했다. 서류 한 장 건넨 후 "잘 부탁합니다." 하고 돌아서면 될 일, 그야말로 2초면 끝날 용건이라도 직원에게 맡기지 않고 내가 직접 처리했다.

은행에서 그런 간단한 일로 전화가 걸려온 날에는 중요한 선약과 겹치더라도 망설임 없이 은행 업무를 우선시했다. 사정을 이야기하면 일정을 바꿔도 괜찮다는 사실은 잘 알고 있었지만, 은행에서 하는 말은 절대 거절하지 않았다.

내가 모르는 곳에서 의사결정이 내려져 내 운명이 정해지는 게 싫었다. "그 회사 더는 안 되겠어."라고 여기게 된다면 큰일이므로, 가능한 한 내가 할 수 있는 일을 하자고 마음먹었다. 자주 얼굴을 내민다고 해서 정이 생길 리야 없겠지만, 다소나마 효과가 있을지도 모른다고 생각했다.

모든 일에서 은행을 최우선시했다. 거액의 빚을 진 몸은 정말이지 괴롭기 짝이 없다는 생각이 뼈에 사무쳤다.

또한 은행과 미팅할 때는 아무리 사소한 내용도 빠짐없이 적어두었다. 만일 그들과 분쟁이라도 생겨서 '말을 했네, 안 했네.' 하는 상황이 생길 때를 위한 대비책이었다.

한참 지난 후에 메모를 다시 읽어보니 담당자와 나눈 잡담까지 적혀 있었다. 그런 걸 보면 항상 긴박한 대치 상태는 아니었던 모양이지만, 애초에 그렇게 사소한 대화까지 기록해둘 정도로 은행은 내게 두려운 존재였다.

어느 날 은행에서 재건계획 제출을 요구했을 때는 이틀 밤을 꼬박 새워 50쪽짜리 자료를 작성했다. 대출 회수를 막으려면 상대의 예상을 넘어서는 설명이 필요하다고 생각했다. 상세한 데이터를 준비해 프레젠테이션을 했다.

"저희 대출을 이대로 유지하는 게 은행에도 이득입니다. 이 시점에 원금을 거두어들이지 않고 이때까지 대출이자를 받으면 회수불능 위험을 감안하더라도 은행의 이익은 이만큼이 됩니다. 은행 입장에서도 회수하지 않는 편이 낫지 않을까요?"

이런 수치분석이나 사업계획서 작성은 기린맥주 시절의 경험이 정말 큰 도움이 되었다. 그야말로 밥 먹듯이 하던 일이었기 때문이다. 은행 지점장에게서 "이런 자료를 만들어온 사람은 처음 봤다."는 말도 들었다.

물론 그 계획이 빛 좋은 개살구가 되지 않도록 합리적이면서도 실현 가능한 수준으로 세웠다. 목표에 도달하지 못하면 평가가 떨어지므로 달성할 수 있는 범위 내에서 안정적으로 설정했다. 이 역시 기린맥주 시절에 배운 것이었다. 애당초 농담으로라도 만용을 부릴 만한 상황은 아니었다.

일기예보에 바들바들 떠는 나날

음식점은 원래 현금 장사라 그날 번 돈을 바로 결제에 충당할 수 있어서 자금 변통이 어려워지기 힘든 구조다. 하지만 유사와는 그조차도 뜻대로 되지 않을 만큼 어제 매출로 오늘 결제를 메꾸며 근근이 버티는 상황이었다.

그런 상황에서 가장 낭패스러운 일은 주말의 비였다.

날씨가 궂으면 손님이 눈에 띄게 줄었고, 수천만 원 단위로 입금액이 달라졌다. 그것은 다시 말해 월요일에 결제할 돈이 없어진다는 의미였다. 돈을 갚지 못하면 또 사죄하러 가서 결제일을 늦춰달라고 부탁하는 수밖에 없었다.

그런 이유로 주말에 비라도 내리면 머리를 쥐어뜯었다. 정말이지 환장할 지경이었다. "제발 비가 오지 않게 해주세요." 하며 정성을 다해 빌고 또 빌었다.

기상캐스터가 "이번 주 날씨입니다. 주말에는 강한 비가 내리겠습니다."라고 말하면 우울함이 극에 달해 화면을 제대로 쳐다보지 못했다.

비가 오기 시작하면 순식간에 기분이 나빠졌다. 학창 시절에는 거친 날씨도 파도타기에는 썩 괜찮다는 생각을 하며 들뜬 마음으로 일기예보를 보곤 했다. 하지만 회사를 물려받은 후로는 마치 세상의 종말을 선고하는 프로그램이라도 된 듯했다.

당시에는 정말이지 간절하게 바랐다.

'날씨 걱정 없이 사는 날이 왔으면 좋겠다.'

국가대표 축구 경기처럼 전 국민적인 스포츠 행사도 질색이었다.

다들 경기를 관람하려고 부리나케 집으로 돌아가 가게를 찾지 않았다. 금요일에 이목이 쏠리는 시합이 열릴 때의 매출은 끔찍할 정도였다. 어쩐지 국가대표전은 금요일에 몰려 있는 것만 같았다.

나는 그 전까지 축구를 상당히 좋아했고, 기린맥주가 옛날부터 국가대표팀을 후원해왔기 때문에 항상 관심을 갖고 응원하였다. 그런데 매장을 경영하게 된 이래로 그런 마음은 온데간데없이 사라졌다.

선수들과 팬들에게는 미안한 이야기지만 "부탁이야. 제발 져줘." 하며 다음 단계로 올라가지 않기를 기도했다. 매우 좋아했던 축구 경기가 인생이 걸린 중대사가 되고 만 것이다.

월급을 늦게 주지 않은 진짜 이유

곤경에 빠졌을 때는 그보다 더한 곤경이 찾아온다.

당시에는 자금이 바닥났다 싶으면 기다렸다는 듯 돈 들어갈 일이 생겼다.

매장 설비가 오래된 데다가 유지보수도 제대로 하지 않아서 고장이 잦았다. 간판, 에어컨, 컴퓨터, 냉장고 이런 전기제품은 꼭 한꺼번에 망가져서 수리비용이 상당히 많이 들었다.

에어컨을 고치는 데 1,000만 원이 넘게 든 적도 있다. 컴퓨터는 직원의 문제행동에 있는 대로 화가 난 내가 눈앞에 있던 모니터를 집어 던져 망가뜨리고 말았다.

지금까지도 잊히지 않는 사건은 직원 기숙사로 쓰기 위해 2층을 통째로 빌린 빌라에서 누수가 발생해 1,200만 원을 변상한 일이다. 술에 취해 귀가한 우리 가게 요리사가 욕실 물을 틀어둔 채 그대로 잠들었기 때문이었다. 정말이지 기가 찰 노릇이었다.

'왜 내가 이런 돈까지 물어줘야 돼?'

진심으로 그렇게 생각했지만, 그런 일은 일상다반사였다. 그래서 나는 사무실에 있을 때 전화벨이 울리는 게 무서웠다.

돈 문제뿐만이 아니었다. 매장에 문제라도 생겼나? 싸움이 났나? 직원이 그만뒀나? 안 좋은 일이 파상공격처럼 몰려왔다.

예상치 못한 사고도 있었다. 직원 한 명이 "식자재를 구입하려면 차가 꼭 필요하다."고 해서 한 대 마련했는데 이틀 후에 교통사고를 내는 바람에 폐차하게 되었다. 직원이 무사해서 다행이었지만 무탈함에 감사하고 넘어갈 만한 기분은 아니었다.

하지만 자금난에 아무리 시달려도 월급만은 단연코 미루지 않았다. 갑자기 웬 좋은 사장인 척인가 싶을지 모르겠다.

확실히 말하자면 직원들의 생계를 헤아려서가 아니었다. 그 무렵 직원들과 내 관계에서 봤을 때, 단 하루라도 월급이 밀리면 가차 없이 떠나는 사람이 생길 게 분명했기 때문이다.

직원 몇 명이 한꺼번에 그만두면 가게문을 열지 못하게 되어 자금줄이 막히게 된다. 그래서 월급을 제날짜에 주지 못하면 끝장이라고 생각했다. 자금난이 악화될 만한 상황은 어떤 일이 있어도, 무슨 수를 써서라도 피하고 싶었다.

무너져 있던 가게

언제나 자금난에 시달렸기 때문에 내가 모든 매장을 방문하기까지는 1년이라는 시간이 걸렸다. 제일 먼 매장은 본사에서 수십 킬로미터밖에 떨어져 있지 않았다. 멀었던 것은 심리적인 거리였을지도 모르지만, 내게는 여유가 없었다.

사장 얼굴조차 모르는 직원이 수두룩하다 보니 원래부터 비상식적이었던 가게는 계속해서 악화일로로 치달았다. 매장에서는 문제가 줄줄이 일어났다.

요리사가 근무시간에 술을 마시는 일은 다반사였고, 하루 매출액을 들고 도망치거나 요리사끼리 싸우거나 손님에게 폭언하는 등 이럴 수가 있나 싶을 정도로 믿기 힘든 일이 잇따라 발생했다.

영업시간에 한 매장에 들렀을 때의 일이다.
1, 2층 두 개 층에서 영업하는 가게였는데, 안에 들어가니 홀에는 아르바이트 여사원 혼자서 따분하다는 표정으로 벽에 기대 서 있었다. 손님은 한 테이블. 그런데 주방에는 아무도 보이지 않았다.
'뭐지?' 하고 의아해하며 홀 직원에게 "앉아도 돼요?" 하고 묻자, "편하신 데 앉으세요." 했다. 주문을 하자 2층에서 요리사가 귀찮은 듯한 표정으로 내려와 머리를 쓸어 올리며 주방으로 들어갔다.
주문한 요리가 나오고 잠시 지나자 요리사가 또 사라졌다. 그리고 주문이 들어오면 2층에서 나타났다.

대체 뭘 하나 싶어 자리에서 일어나 2층에 올라가 보니 요리사 넷이 둘러앉아 마작을 하고 있었다.

네 사람 중 세 명은 내 얼굴을 몰랐지만 한 명이 나를 알아보고는 황급히 마작판을 치우더니 주방으로 돌아갔다. 그 모양새를 보건대 '늘 있는 일'임이 분명했다. 매장은 붕괴 상태였다.

상식 따위는 존재하지 않았다.

또 다른 매장, 술집이 가장 바쁠 시간인 금요일 밤 아홉 시에 찾아가 보니 가게 입구에서 "손님, 죄송해요! 오늘 영업이 끝나서요." 하며 앞을 막아섰다.

영업시간은 자정까지였다. "이상하네, 영업이 왜 벌써 끝나요?" 하고 캐물으니, 아르바이트생은 당혹스러운 표정으로 "요리사가 피곤하다고 해서…."라고 대답했다.

화가 치밀어 올라 가게에 들어가자 요리사가 카운터 테이블 앞으로 나와 쌓여 있는 맥주 짝을 의자 삼아 술을 마시고 있었다. 고래고래 소리치고 싶었다.

하지만 앞서 말했듯 그들은 나의 사소한 말 한마디에 앙심을 품고 "그만두겠습니다."라고 말하는 절대 강자였다. 기린맥주에서 상식적인 사람들만 상대했던 나로서는 접해본 적이 없는 부류였다.

그 시기에 내게 가장 큰 스트레스는 빚이 아니라 직원이 아무리 몰지각한 행동을 해도 끽소리도 못 한다는 것이었다.

의심 덩어리, 피해의식 덩어리가 되다
"오늘부로 그만두겠습니다."

그들은 내게서 잘못했다는 소리를 들을라치면 툭하면 이 말을 입에 올렸다. 그리고 나는 그들의 작전대로 이 말만 들으면 간담이 서늘해졌다.

이 업계에는 단체 퇴사라는 무시무시한 일도 있다. 경영자나 회사가 마음에 들지 않으면 매장의 전 직원이 미리 짜고 갑자기 출근하지 않는 것이다. 일종의 파업으로, 경영자나 관리자를 당황하게 만들어 기분을 푸는 악질적인 저항이다. 나도 이런 일을 몇 번인가 당했다.

어느 금요일 점심 무렵, 가게가 세 들어 있는 건물 관리인에게서 전화가 걸려왔다.

"아무도 출근하지 않았던데, 오늘 쉬시나요?"

예감이 좋지 않았다. 며칠 전에 그 매장의 보스 격인 요리사가 카운터 테이블을 사이에 두고 고객 앞에서 담배를 피우며 초밥을 만들기에 한 소리 했다.

역시나 오후가 돼서도 누구 하나 출근하지 않았다. 매장 직원들은 시간제, 아르바이트 할 것 없이 전부 한통속이었다.

대목인 금요일이었다. 예약도 많이 잡혀 있었다. 이대로 가게문을 열지 못하면 매출이 날아가는 것은 물론, 손님들에게도 큰 폐를 끼칠 상황이었다.

필사적으로 사람을 모았다. 다른 매장도 금요일이라 일손이 부족했지만 간신히 그러모았고, 본사 사무직원까지 가게에 나오게 해서 어찌어찌 영업을 마쳤다.

결국 주모자와 요리사 둘을 제외하고 나머지 사람들은 하나둘씩 돌아왔다. 그들은 "절대 출근하지 말라고 엄포를 놓아서 어쩔 수 없었다."고 말했다.

'왜 이런 짓을 하는 걸까?'

'이렇게 굴욕적인 일이 평생 계속되는 걸까?'

서로를 이해하며 같은 목표를 향해 노력하기까지는 바라지 않았지만, 회사란 좀 더 정상적으로 돌아가야 한다고 생각했다. 하지만 현실은 이 모양 이 꼴이었다.

매일매일 끊임없이 지긋지긋한 일들이 덮쳐오다 보니 나는 어느새 모든 사람을 부정적인 감정으로 대하고 있었다. 완벽하게 인간을 불신했다.

실제로는 몇몇 직원만이 문제행동을 일삼았지만, 의심의 화신이 된 나는 착실하게 일하는 다른 직원과 고객에 대한 친절은 물론 배려조차 잃은 채 오직 자금 마련만을 위해 가게문을 열고 영업하는 게 하루하루의 목적이 되었다.

'아, 이제 더는 못 해먹겠어!'

돌아가신 아버지도 무척이나 원망했다.

'용서할 수 없어. 왜 내가 이런 꼴을 당해야 해!'

회사에도 문제는 있었다. 장시간 근로에, 쉬는 날도 별로 없었다. 취업규칙도 있으나 마나 해서 일을 쉬면 그만큼 월급에서 제했고, 직원들도 그에 대해 가타부타 말이 없었다. 회사의 태도가 이렇다 보니 우리 회사에서 일하는 사람은 구태의연한 데다 제멋대로인 떠돌이 요리사뿐이었다. 서로 피장파장이었다.

나도 그런 부분을 모르지는 않았지만 자금이 없네, 여유가 없네 하며 개선하려 하지 않았다. 나 자신이 인간에 대한 불신과 분노로 가득 찬 피해의식 덩어리였다는 점도 앞으로 나아가지 못하는 크나큰 원인이었다.

줄줄 새는 생돈

자금 조달을 최우선시하여 운영하면서 '들어올 것을 헤아려 나갈 것을 절제한다.*'의 말처럼 '나갈 것을 절제한다.'를 철저

---

* 量入以爲出, 중국 고전인 《예기禮記》의 〈왕제편王制篇〉에 나오는 말

히 지켰다.

출납장을 구석구석 살펴보니 쓸데없이 나가는 돈이 속속 드러났다. 유선방송 요금은 이중으로 내고 있었고, 무슨 연유인지 아무도 쓰지 않는 주차장 사용료까지 내고 있었다. 이 주차장은 예전에 일하던 아르바이트생이 사용하던 공간이었는데, 그만둔 후에도 그대로 방치해서 그 아르바이트생이 지금도 공짜로 이용하고 있다는 황당한 이야기였다.

그뿐 아니라 예전부터 이어져 와서 아무도 현황을 파악하지 못한 지출이 수도 없이 많았다. 400억 원이라는 빚에 비하면 쥐꼬리만 한 금액이지만, 티끌도 모이면 태산이 되는 법이다. 직원들에게 원가 의식을 심어주는 일부터 시작해야 했다.

무엇보다도 이 일은 한 발짝 한 발짝 조금씩이긴 해도 반드시 결과가 나왔기에, 통제할 수 없는 일에 둘러싸여 있던 나로서는 기분이 맑아지는 작업이었다.

업무 효율성도 재검토했다. 직원들은 카리스마 창업자 밑에서 일의 목적을 생각하지 않고 지시대로 충실히 이행하는 태도가 몸에 배어 있었다. "예전 사장님이 이렇게 하라고 말씀하셔서…." 하는 말을 수도 없이 들었다.

예컨대 매출 보고서는 일일이 계산해서 손으로 작성한 다음

컴퓨터에 옮겨 적고 있었는데, 곧바로 엑셀 프로그램을 도입했다. 새로운 것을 배운다는 게 보통 일이 아니었지만 그편이 훨씬 일하기 편하다는 사실을 알게 되자 직원들은 열심히 엑셀을 익혀주었다.

업무는 기본적으로 그 일을 맡아 하는 사람이 목적을 파악한 후에 진행하는 게 바람직하다. 위에서 일방적이고 구체적으로 작업을 지시하면 당장은 아무것도 생각할 필요가 없어서 좋지만, 어느 사이엔가 작업만이 목적이 되어 쓸데없는 일이 늘어난다.

직원으로서는 여태까지 성심껏 해온 일을 "그런 건 할 필요 없다."고 부정당하는 셈이니 달갑지 않겠지만, 하지 않아도 될 일을 구태여 할 여유는 없었다.

하지만 이런 비용절감은 지나치게 이치를 따지다 보면 직원들의 신경을 거슬러 거센 반발로 이어질 가능성이 있었다. 그들을 상대하면서 나도 그 정도는 배웠다. 파고들어야 할 부분과 자유로이 내버려둬야 할 부분의 균형을 잡기가 어려워서, 고심 끝에 나는 매장과 관련된 부분은 비교적 용인해주었다.

가령 수도와 전기도 펑펑 써댔지만 거기까지 왈가왈부하면 직원들의 사기가 떨어질 듯싶었다. 나는 사람이 떠나가는 쪽이 더 두려웠기 때문에 지시해봤자 고쳐지지 않을 만한 범위에서는 신중에 신중을 기했다.

나는 월급도 거의 가져가지 않고 그때까지 저축한 돈을 헐어서 생활했다. 압도적으로 돈이 부족한 상황에서 내 생활비 정도쯤 가져가든 안 가져가든 오십보백보였지만 기분상 가져갈 수 없었다. 몇백만 원이라도 자금이 궁해지느니 일 때문에 이동하는 교통비조차 내 돈을 쓰는 게 속이 편했다. 그렇게 내 신경은 날카로워질 대로 날카로워져 있었다.

드라마를 보며 눈물 흘리다

눈앞에 닥친 사건사고를 필사적으로 대처하는 나날을 보내면서, 나는 넋두리와 온갖 푸념을 입에 달고 살게 되었다.

"왜 나한테 이런 일이 생기는 거지?"

"세상에 제대로 생겨 먹은 인간이 하나도 없어."

"이제 내 인생은 끝났어. 뭘 하든 다 소용없는 짓이야!"

아버지를 원망했고 아내와 어머니에게 화풀이를 해댔다. 사소한 일로 언성을 높였고, 눈에 넣어도 아프지 않을 내 자식의 울음소리에도 짜증이 솟구쳤다. 회사를 물려받은 후로 웃어본 기억은 거의 없었고, 앞으로도 저절로 우러나서 웃는 일은 두 번 다시 없을 것이라고 생각했다.

어느 날, 회사에서 돌아와 옷을 갈아입으면서 무심코 텔레비전을 보았다. 와타나베 겐 주연의 시대극을 하고 있었다. 아마 〈가신 잔쿠로〉*였을 것이다. 인정미 넘치는 그 드라마를 보고 있자니 어째서인지 하염없이 눈물이 흘렀다. 나 자신도 깜짝 놀랐다.

갑자기 울었다가 화냈다가 하며 감정 기복이 점점 심해지는 내게 아내는 "병원에 가서 심리검사를 받아보자."고 몇 번이나 부탁했다.

병원에 갈 것도 없이 누가 봐도 문제가 있었으므로 아내의 걱정은 타당했다. 하지만 나는 그럴 수 없었다. 검사 결과는 불 보듯 뻔했기 때문이다.

"치료하고 싶으면 일을 그만두세요."

나라도 그렇게 조언할 것이었다. 하지만 그 말을 듣는 순간 경영을 이어갈 모든 기력이 사라질 것 같았다. 그러면 편해지겠지, 싶기도 했지만 그와 동시에 절대로 그렇게는 못 하겠다는 생각이 들었다.

---

* 주인공 잔쿠로가 복잡한 사건을 해결하며 보여주는 인간적인 모습과 에도 후기 서민의 생활상을 그린 드라마

이 상태에서 병이라는 선고를 받고 대기업 직원의 삶을 포기하면서까지 물려받은 회사를 무너뜨린다면, 인생에 절망한 나는 두 번 다시 재기할 수 없을 것 같았다. 나는 지칠 대로 지쳐 있었고, 병원에 가기가 두려웠다.

나는 병원에 갈 용기조차 없었지만, 지금 나와 같은 상황에 놓인 사람이 있다면 의사와 상담하기를 강력히 추천한다. 빨리 병원을 찾을수록 치료도 빠르다. 게다가 만에 하나 목숨을 잃기라도 한다면 돌이킬 수 없다.

그로부터 얼마 후 나는 '개똥밭에 굴러도 이승이 좋다.'는 말을 체감하게 되었다.

한심한 남편, 그리고 아버지

아내와 아이들도 고생시켰다. 당시 의논할 만한 사람이 없기도 했지만, 아내에게만큼은 숨김없이 "오늘 이런 심한 소리를 들었다. 이러저러한 말썽이 있었다." 운운하며 끝도 없이 불평불만을 늘어놓았다.

기린맥주에서 회계업무 일을 했던 아내도 사무실 일을 돕고 있었다. 가급적 아내만은 끌어들이고 싶지 않았지만 회사 사정이건 뭐건 모든 게 오리무중인 상황을 헤쳐가려면 아내에게 의지할 수밖에 없었다.

아내와는 기린맥주에서 동료로 만나 회사를 물려받기 4년 전에 결혼했다. 당연히 아내도 멋진 해외 주재 생활을 기대했을 터였다. 그런데 상황이 급작스럽게 반전되면서 남편은 도산 직전인 회사의 사장이 되었고, 자신은 그 혼란의 정점에 있는 사무실에서 일하는 신세가 되었다. 그것도 이제 곧 아이가 태어나려 하는 타이밍에 말이다.

만삭의 몸을 이끌고 불평 한마디 없이 400억 원의 빚을 계산하는 아내 모습을 지켜보기란 이루 말할 수 없이 고통스러웠다.

처가에도 마찬가지였다. 그럭저럭 먹고살 만한 월급쟁이에게 시집보냈다 싶었을 텐데, 어느 날 갑자기 거액의 빚을 떠안은 중소기업 사장이 되어버린 것이다. 승계 당시에는 이 사태를 언제 어떤 식으로 설명해야 할지 고민하고 있었는데, 장인어른이 먼저 달려와 이렇게 말씀해주셨다.

"걱정하지 말게. 앞으로 어떤 일이 생기든 우리는 다 이해하네. 건강 잘 챙기면서 자네는 사업에 집중하게나."

아내는 혼란스러운 상황이 어느 정도 마무리되어 내가 정신을 차렸을 때 자신과 처가에 죄책감을 느끼며 괴로워할 것이라는 상황을 헤아리고, 장인장모께 그동안 있었던 일을 미리 전해둔 모양이었다. 진심으로 고마웠다.

"고맙다. 미안하다." 그런 말로는 다 표현할 수 없을 만큼 고마운 아내에게 나는 불평을 늘어놓고, 때로는 화풀이까지 하며 지독히도 고생시켰다.

아내와 함께 새벽같이 일어나 회사에 출근하고, 사무실 직원들이 모두 돌아간 후에도 밤늦게까지 둘이 남아 일했다. 퇴근길에는 문 닫기 직전인 슈퍼마켓에서 떨이 채소를 사다가 초라한 저녁 식사를 했다. 지칠 대로 지쳐서 대화조차 없었다. 매일 그런 생활이 반복되었다.

직장에 다닐 때는 회사 근처에서 만나 맛있기로 유명한 음식점 이곳저곳을 다니곤 했다. 그런데 이제는 식탁에 마주 앉아 떨이 채소나 먹으며 말 한마디 나누지 않았다. 우리 두 사람 모두 운명의 장난에 농락당하고 있었다.

회사를 물려받은 후부터 내게 사생활은 전혀 없었다. 경조사나 동창회에도 참석하지 않았다. 시간적인 여유도 없었지만 그보다는 사람들과 만나고 싶지 않다는 마음이 더 강했다. 그런 자리에서 체면을 차릴 만한 상황이 아니었다. 아버지 제사도 첫해만 지냈을 뿐 그 다음해부터는 아무것도 하지 못했다. 오로지 가게를 운영하며 빚을 줄이느라 여념이 없는 나날이었다.

첫아이를 임신했을 때도 아내는 막달까지 회사 일을 돌보다가 출산 직전이 되어서야 친정으로 갔다. 스트레스를 받는 일이라 빨리 보내주고 싶었지만 상황이 허락지 않았다. 아이가 태어났을 때도 아내의 친정집이 있는 나고야까지 갈 여유가 없어서 아이와는 아내가 돌아온 한 달 후에야 첫 대면을 하였다. 인생의 하이라이트라 할 만한 순간도 빚의 무게에는 대적할 수 없었다.

　아이들이 자라는 동안 추억도 거의 만들지 못했다. 내가 어렸을 때, 일밖에 모르는 아버지는 함께 여행가는 법이 없어서 가족여행을 자주 떠나는 친구들이 너무도 부러웠다. 그래서 아이가 태어났을 때는 '나 같은 마음을 품지 않도록 가능한 한 가족여행을 많이 다녀야겠다.'고 생각했다.

　하지만 실제로는 여행은커녕 함께 외출한 일조차 손에 꼽을 정도였다. 결국 나도 아버지와 마찬가지로 아이들을 쓸쓸하게 만들고 말았다.

　"같이 놀러 가!"라든가 "왜 우리 집은 아무 데도 안 가?" 하며 조르면 좀 나으련만, 아이들은 그런 말을 절대 하지 않았다. 어릴 적부터 집에서도 늘 일에 쫓기는 내 모습을 봐왔기 때문일 터였다. 미안해서 견딜 수가 없었다.

나를 지탱해준 것은 공포

내가 막막했던 부분은 이른바 '멘토(스승)'라고 부를 만한 사람이 없다는 것이었다. 물론 친구와 지인들이 조언이나 격려를 해주었고, 동종업계 사람 중에는 이런저런 충고를 해주는 사람도 있었다.

하지만 적자 기업을 정리하는 법을 잘 아는 전문가나 비슷한 형편에 처해본 경영자가 가까이에 있었다면 애초에 더 합리적인 판단을 했을 것이고, 마음도 든든했을 것이다. 그런데 나는 그런 멘토가 없었다.

그래도 크나큰 용기를 준 관계자도 있었는데, 지역 신용금고 임원이었다. 앞에서 "아버님은 비즈니스 전선에서 전사하신 거라고 생각하세요."라고 말했던 사람이다. 신용금고 사람들은 이 임원뿐 아니라 다른 임원, 지점장, 담당자에 이르기까지 항상 신경 써줘서 정말로 마음이 든든했다.

언젠가 지점장에게 자금난과 관계없는 매장 운영에 관해 하소연을 늘어놓은 일이 있다. "정말 다 싫어지더라고요." 하는 정도의 가벼운 대화였다. 그런데 그날, 신용금고의 임원이 부랴부랴 달려와 주었다.

"많이 힘드시겠지만 저희가 뒤에서 받쳐 드릴 테니 사장님은 하실 수 있는 일에 집중해주세요."

'내 편이 있다.'는 위안이 되어 말로 다 못할 만큼 기뻤다.

요즘은 알고 지내는 중소기업 경영자들에게 자주 하는 이야기지만, 나는 '큰 은행도 좋지만 신용금고나 신용조합 같은 지역 금융기관과 거래를 맺어두는 편이 좋다.'고 굳게 믿는다. 지역 금융기관은 상부상조의 정신을 기반으로 한 협동조합 성격을 띤다. 다소 높은 금리는 위기의 순간을 대비한 보험이다. 신용금고는 내게 든든한 아군이었다. 지금은 허세나 체면치레로 거래 금융기관을 결정할 만한 시대는 아니라고 생각한다.

가족의 양해와 지역 신용금고의 정겨움이 많은 위로가 되었지만 한 치 앞도 보이지 않는 어두운 상황은 변함이 없었다. 예전에 계몽서나 경영서에서 읽은 내용은 당시의 내게 그 어떤 도움도 되지 못했다. 400억 원의 부채와 10억 원의 체납액이라는 절망적인 현실 앞에서는 아무리 훌륭한 격언도 탁상공론으로 여겨질 뿐이었다.

그렇다면 그때 나는 어떻게 모든 것을 내던지지 않고 맞설 수 있었을까. 그 대답은 '공포'였다.

대출한 곳을 조사하다 보니, 예전에 악랄한 징수 방식으로 큰 사회문제를 일으켰던 금융업자에게 빌린 돈이 있었다. 대출 액수가 적어서 큰 문제는 없었지만, 워낙 심약해진 상태여서 '우리 집은 어떻게 될까? 어떤 꼴을 당하게 될까?' 하며 공포의 망상이 부풀어 올랐다.

장기를 팔라고 협박한다든지, 아내와 아이가 끔찍한 짓을 당한다든지, 섬뜩한 상상은 그칠 줄을 몰랐다. 그렇게 되지 않으려면 맞서 싸워야만 했다.

뾰족한 방도가 없었지만, 당장 할 수 있는 일을 하지 않으면 진짜로 인생에 파국이 닥칠 듯했다. 그런 공포가 나를 채찍질하는 원동력이었다.

그 밖에도 두 번 다시 맛보고 싶지 않은 사건이 잇따랐고, 그런 일들에 와들와들 떨면서 나는 가까스로 현실에 맞서고 있었다.

지하철 투신 미수 사건

회사를 물려받고 1년쯤 지났을 때의 일이다.

자금 면에서도 업무 면에서도 '눈앞의 일을 처리하며 하루하루를 근근이 넘길 뿐'인 수동적인 운영이 이어지고 있었다.

어느 날 나는 국세국에 체납액 납부 문제로 불려갔다가 돌아오는 길에 우울한 기분으로 오테마치 역 플랫폼에 서 있었다. 새 담당자는 전임자와 달리 모질고 냉정한 남자였다.

담당자에게 상당히 벅찬 납부 계획을 강요받은 나는 지하철을 기다리면서 앞으로 어떻게 할지 생각에 잠겨 있었다.

'국세국은 친절한 사람과 매정한 사람을 번갈아가며 담당시키나 봐. 은행이랑 똑같구나.'

'그나저나 이제 더는 못 버틸지도 모르겠군.'

'이제 한계인가.'

'요구대로 납부하지 못하면 어쩌지.'

그때였다.

갑자기 몸이 플랫폼에 들어오는 전철 쪽으로 기울어지나 싶더니 나도 모르게 선로에 뛰어들려 하고 있었다.

나 자신조차도 그 순간 벌어진 일이 믿기지 않았다. 궁지에 몰려 있기는 했지만 결단코 죽고 싶다고 생각한 적은 없었다. 무엇보다도 내 잘못으로 진 빚도 아닌데, 그것 때문에 죽는다는 건 너무 억울한 일이라고 생각했다.

그랬는데도, 그렇게까지 확실하게 살아야겠다는 의지가 있었는데도, 그때 내 몸은 틀림없이 선로를 향하고 있었다. 분명

히 삶을 중단시키려는 행동을 하려고 한 것이다.

상황이 막다른 길에 몰리면 인간의 몸은 자신의 의지와 상관없이 움직인다는 사실을 알게 되었다. '충동적으로'라는 게 이런 거구나 싶었다.

자살을 보도하는 뉴스를 보며 "왜 뛰어드는 걸까?"라거나 "죽을 필요까지는 없었을 텐데."라고 말하는데, 자살한 사람이 꼭 스스로 죽음을 택한 것만은 아니라고 생각한다.

"전날까지만 해도 평소랑 똑같았어요."라는 주변 사람들 말처럼 본인도 죽을 마음은 없었을지 모른다. 지나치게 괴롭고 고통스러워지면 몸 또는 뇌가 제멋대로 지시를 내려 의지와 상관없이 행동할 수도 있겠다는 생각이 들었다.

거짓말처럼 들릴지 모르겠지만 나는 지금까지도 플랫폼 맨 앞줄에 서지 않는다.

그때는 '내가 이렇게까지 궁지에 몰려 있었나.' 하는 놀라움과 '이런 상황이 계속 이어진다면 언젠가 정말로 뛰어들지도 몰라.' 하는, 나 자신을 스스로 제어할 수 없을지도 모른다는 두려운 상황에 큰 충격을 받았다.

그렇게 되기를 바라는, 나 자신도 인식하지 못한 또다른 내가 어딘가에 존재해서 언제 어느 때 모습을 드러내 마음대로 행동할지 모른다고 생각하니 덜컥 겁이 났다. 그리고 이제는 어떻게든 현재 상황을 타개해야겠다고 생각했다.

마음을 다잡은 날

또 한 가지 잊지 못할 두려움을 느낀 일이 있었다. 투신 미수 사건이 일어나고 얼마 후, 피곤에 절어 집에 돌아오니 자지러지는 아기 울음소리가 현관 너머로 새어 나왔다. 울부짖는 아이 곁에 아내의 모습은 없었다.

"대체 뭐하는 거야? 동네 시끄럽게!" 하고 화를 내려고 아내를 찾는데 무선전화기를 들고 2층으로 올라가는 아내의 모습이 보였다.

뒤따라 가서 보니 아내는 전화 상대에게 머리를 숙이며 사과하고 있었다.

"죄송합니다. 네, 이번 달 말에는 가능할 거예요. 네. 반드시, 반드시 갚겠습니다. 약속할게요. 죄송합니다!"

결제가 밀린 거래처의 독촉 전화였다.

회사에서는 사무직 여사원이 적당히 얼버무리며 대응했는데, 인내가 한계에 다다른 사람이 회사로는 성에 차지 않아 집에까지 전화를 걸어온 모양이었다.

통화가 끝난 후에 아내를 다그치니, 사실은 꽤 오래전부터 몇몇 거래처에서 이런 전화가 걸려왔다고 했다. 하지만 내게는 도저히 그런 이야기를 전할 수 없었다고 했다.

아내는 그런 전화가 언제 걸려올지 모르는 집에서 아이를 돌보고, 전화가 오면 머리를 숙이면서 내게는 아무 말 없이 손이 닳도록 사과하고 있었던 것이다.

녹초가 된 아내의 얼굴을 보며 이대로 가다가는 가정까지 붕괴하겠다는 생각이 들었다.

그때까지 나는 피해의식에 사로잡힌 채, 매일매일 일어나는 문제에 투덜대면서 수동적으로 대처했을 뿐이었다.

머리로는 '내가 하는 수밖에 없다.'고 생각하면서도 마음을 다잡지 못하고 '언젠가는 어떻게 되지 않을까?' 하는 생각과 '뭘 해도 안 되겠지.' 하는 생각이 공존해서 진지하게 임할 수 없었다. 열심히 하긴 했지만 발등에 떨어진 불만 껐을 뿐, 나중 일은 조금도 생각하지 않았다.

하지만 지하철 플랫폼에서 있었던 사건과 집으로 걸려온 독촉 전화, 이 일이 잇따라 일어남으로써 나의 그리고 가족의 인생이 산산조각 나는 영상을 본 듯한 느낌이 들었다.

마음에 남아 있던 마지막 한 조각까지 완벽하게 공포에 사로잡히자, 신기하게도 마음이 차분해졌다.

바로 앞에 놓인 문제에만 몰두하며 더 큰 문제를 회피하던 행동을 멈추고 드디어 한 발짝 내디뎌야겠다고 결심하였다. 그때가 2000년 4월이었다.

3장

딱 5년의 승부

죽어가는 가게를 다시 일으키다

― 남은 빚 ―

2000.04
~2003.12

원금	34,000,000,000₩
갚은 금액	4,000,000,000₩
TOTAL	30,000,000,000₩

● = 10억

― (주)유사와 ―

최악의 사태를 종이에 적어보다

드디어 행동에 옮겨야겠다고 결의를 다졌지만 400억 원이라는 빚만 생각하면 눈앞이 캄캄해져서 좀처럼 옴짝달싹할 수가 없었다. 역시 똑바로 마주 보기는 두려웠기 때문이다. 그래서 나는 우선 최악의 상황을 명확히 떠올려보기로 했다.

과대망상에 사로잡혀 두려움에 떠는 데는 이골이 나서 '최악 중의 최악'일 때는 도대체 얼마나 끔찍한 일이 벌어질지, 떠오르는 것을 가능한 한 구체적으로 종이에 써내려갔다. 요컨대 '파산 계획'을 세운 것이다.

- 파산하면 파산 처리에 드는 비용을 어떻게 할 것인가?
- 거래처의 연쇄도산을 방지하려면 어떻게 해야 하는가?

- 개인파산 후에는 어디에서 살며 어떻게 돈을 벌 것인가?
- 어느 시점에 경영을 포기하고 파산 절차를 밟을 것인가?

경영을 포기하는 시점은 불법 사채나 소비자금융에 손을 대야 하는 기로에 놓이면 그때를 한계로 보고 최종 계획에 돌입하기로 결정했다.

이렇게 냉정하게 하나하나 적어 내려가 보니 최악의 상황에는 '그저 파산할 뿐'이었다.

물론 고통스러울 테고 가족과 관계자에게 큰 폐를 끼치겠지만, 목숨을 잃는다거나 야반도주할 일은 없을 것이다.

최종 계획에 돌입할 때는 연쇄도산을 방지하기 위해서 회사에 남아 있는 자금을 연쇄도산 가능성이 큰 회사부터 우선적으로 지급하기로 결정했다.

집은 내가 직장에 다닐 때 요코하마 시에 지은 내 소유였지만, 연대보증인으로서 몰수될 게 확실했다. 그렇게 된 다음에는 같은 동네에 살고 싶지는 않으니 온천이 있는 유가와라마치 근처로 이사할까, 아니면 지금 집에서 좀 더 가까운 니노미야마치 인근으로 이사할까, 그런 생각을 하며 인터넷 부동산 사이트에서 월세가 얼마인지 알아보기도 했다.

이런 식으로 구체적인 계획을 세우고 나니 예상과 달리 마음이 편안해졌다. '고작 이 정도 일이었나.' 싶었다. 차라리 지금 바로 파산 처리를 하고 싶은 충동마저 일었다.

'도산하면 어쩌지.' 하며 막연하게 생각했을 때는 불안이 커져서 나쁜 상상에만 휩싸였다. 공포는 스스로 제어할 수 없을 만큼 황당무계한 수준까지 부풀어 올랐다.

그런데 냉정하게 글로 써보니 차분히 처리할 수 있겠다는 생각이 들었다. 불안과 공포에 무턱대고 농락당하기보다는 불안과 공포의 원인과 대상을 똑바로 바라봄으로써 정신적으로 상당한 안정을 되찾을 수 있었다.

노력하는 기간은 5년으로 한정

또 한 가지, 기한을 정했다.

내가 떠안은 빚은 다 갚으려면 최소한 80년이 걸리는 금액이었다. 채무초과 상태에서 벗어나는 데만도 50년이 걸린다고 생각하니 의욕이 사라졌다. 그렇게 머나먼 종착점까지 생각하면 단 한 걸음도 내디딜 용기가 생기지 않았다.

그래서 기한을 정해 그 기간만 필사적으로 노력하자고 마음먹었다. 그 기간만큼은 아무리 힘들어도, 아무리 굴욕적이어도 (요리사가 '사과하라.'고 하든, 금융기관에서 까닭 모르게 '고개를 숙이라.'고 하든) 앞에 놓인 일에 집중하자고 결심했다. 그리고 그 기간은 '1,827일', 즉 5년으로 정했다.

365일×5년+2일=1,827일

이틀을 더한 것은 윤년의 2월 29일분이다. 당시에는 이런 데까지 생각이 미치는 나 자신을 이상하게 여기지 않았다. 마음을 다잡은 결과 생겨난 냉정함 때문인 것이다. 이렇게 하자고 결심하자마자 마음에 여유가 생겼다.

여기에 덧붙여 세 가지 규칙도 만들었다.

- 5년간은 빚이 줄지 않더라도, 반대로 늘어나더라도 신경 쓰지 않는다.
- 5년 동안은 어쨌든 회사를 지속하는 데만 전념한다.
- 5년이 지나서도 상황이 달라지지 않으면 최종 계획에 따라 회사를 청산한다.

현실을 외면하며 도망치기만 하던 내가 마침내 현실에 똑바로 마주할 각오를 다진 것이다.

지금에서야 깨달은 것은 다짐을 하지 못하고 갈팡질팡할 때가 가장 위험하다는 사실이다. 결심을 굳힌 후 한 발짝 내딛는 시기는 하루라도 빠른 편이 낫다. 공포는 마음을 다잡기 전이 훨씬 더 큰 법이다.

무엇이 늘어나든 날짜만은 확실히 줄어든다

이 5년, 즉 1,827일분의 '일일 달력'을 만들었다. 아내의 도움을 받아 수작업으로 완성했다. 그리고 침실에 걸어두었다.

'오늘도 회사는 망하지 않았어.' '오늘 하루도 그럭저럭 버텼구나.' '나도 회사도 아직 살아 있다….' 그런 생각을 하며 잠자리에 들기 전에 달력을 한 장씩 넘김으로써 내일을 향한 집념을 굳건히 유지할 수 있었다.

잠자리에 들기 직전에 '아, 오늘 하루도 끝났다. 이제 1,800일 남았어.' 하며 달력을 넘기는 그 순간만큼은 마음이 홀가분했다.

괴롭고 굴욕적인 일이 있더라도 어쨌든 하루는 지나간다. 하루가 줄면 다시 늘어나는 법은 없다. 빚은 늘어날지도 모르고 상황이 나빠질 수도 있지만 날짜만은 반드시 줄어들었다. 그것이 정말 감사했다. 카운트다운의 효과는 절대적이었다.

왜 '5년이었는가.'에 명확한 이유는 없다. 많은 회사가 사업 승계 후 5년 안에 도산한다는 이야기를 들은 적이 있어서 5년이면 뭐가 됐든 결론이 나겠다는 생각이 들었다.

또한 아버지가 살아계셨을 때 하지 못한 효도 차원에서, 이 회사에 내 일평생을 걸지는 못하겠지만 5년쯤은 바치더라도 후회하지 않겠다 싶었다.

5년이 지나도 40대 초반이다. 기린맥주에 다닐 때처럼은 안 되더라도 다시 회사원으로 돌아가겠다고 마음먹으면 못할 것도 없겠다는 생각이 들었다. 자식으로서 도리를 다한 후에 내 인생을 걸어가자, 그렇게 생각했다.

당면책과 근본책을 병행하다

먼 미래는 생각하지 말자. 빚을 다 갚을 수 있을지 없을지는 차치하고, 5년 동안은 오로지 회사만 생각하며 앞에 놓인 일에 전력을 다하자. 이렇게 마음먹고 하루하루 카운트다운 달력을 넘기다 보니 고민의 질이 달라졌다.

그전까지는 '내 인생은 어떻게 될까?' '빚을 정말 다 갚을 수 있을까?'와 같은 막연한 불안이 머릿속을 가득 메우고 있었는데, 마음을 다잡으니 집중력이 높아진 만큼 눈앞의 구체적인 상황에 대해 걱정할 수 있게 되었다.

앞에서 언급한 이 매장 저 매장에서 하루가 멀다 하고 터지는 문제를 '두더지 잡기'식으로 대처하고만 있었다. 두더지 잡기식 대응을 하면 모든 일에 수동적이 되어 눈앞의 트러블을 처리하는 데만 급급해진다. 문제 수습만으로 순식간에 시간이 지나가고, 내내 휘둘리기만 하다가 피폐해진다.

이러다가는 언제까지고 최악의 상황에서 벗어나지 못하겠다는 생각이 들었다. 지금 바로 해결해야 할 문제를 처리함과 동시에 정말로 필요한 대처법을 마련해야겠다는 생각이 들었다. 그래서 긴급 상황을 처리하는 '당면책'과 문제 발생 원인에 메스를 가하는 '근본책'을 병행하기로 결심했다.

예를 들어 지금 일하는 요리사가 끊임없이 말썽을 일으키는 상황에 봉착했을 때 이 트러블은 신속히 해결해야 한다. 이것이 당면책이다. 하지만 비슷비슷한 인재를 채용한다면 이 문제는 사라지지 않고 똑같은 일이 무한 반복된다.

그렇다면 직원을 뽑을 때는 스포츠 신문의 세 줄짜리 구인광고가 아니라 제대로 된 매체에 제대로 된 근무조건을 제시하고, 근무 여건을 정비한 후에 면접 방식을 바꾸는 식으로 시스템을 갖출 필요가 있다. 이것이 근본책이다.

마찬가지로 매장에서 한 번이라도 누수가 발생했을 때 그에 대처하는 매뉴얼을 만들어두면, 다른 매장에서 똑같은 일이 벌어지더라도 우왕좌왕하는 일이 없어진다.

다만 이 두 가지 대책을 병행하기란 시간적으로나 정신적으로 대단히 힘든 일이었다. 정신없이 허둥지둥하는 통에 매뉴얼을 만들 여력이 없었다. 하지만 지금 당장은 힘에 부치더라도 밑바닥에서 탈출하려면 꼭 필요한 과정이었다. 눈앞의 불은 꺼야 한다. 하지만 줄곧 소방관이 되어 동분서주하기만 한다면 아무리 시간이 흘러도 근본적인 화재 발생 원인에 대처할 수 없다.

그래서 이런저런 궁리를 했다.

우선 '최악의 계획'을 세웠듯 모든 것을 종이에 적어 내려갔다. 현재 상황을 벗어나려면 어느 정도의 시스템이 필요한지 나열해본 것이다.

'여기에 적힌 시스템을 전부 완성하면 반드시 긴급 사태가 줄어든다.'라는 리스트를 만들었다. 그러자 우선순위를 정하기도 쉬워졌고, 실행에 옮기기도 수월해졌다.

그리고 당면책으로 머릿속이 가득해져서 근본책이 뒤로 밀리지 않도록 '물리적인 장소'를 구분해 각각 나눠서 생각하기로 했다. 당면책은 본사 사무실에서 처리하고, 근본책은 따로 마련되어 있는 회의실에서 구상하기로 한 것이다.

머리로는 근본책의 중요성을 인식하면서도 실제로 실행하는 사람이 적은 이유는 정신없이 '두더지 잡기'를 계속하는 사이에 머릿속이 온통 당면책에 점령되어 근본책까지 생각이 미치지 않게 되기 때문이다.

나 역시도 사무실에 있을 때 전화가 걸려오면 긴급한 일을 처리하느라 쫓기게 되었다. 그래서 아침에 본사로 출근해 당면책을 모두 처리한 다음 밖으로 나와 매장을 둘러보고, 저녁 여섯 시 이후에는 별도로 빌린 회의실로 갔다. 장소를 바꾸니 생각도 강제로 전환되어 꽤 효과적이었다.

한 곳이면 충분하다, 성공 매장을 만들자

경영자로서 '각오'는 다져졌다. 다음은 무엇을 할지가 문제였다. 돈도 없고, 사람도 없었다. 내가 궁지에 몰렸을 때 사용하는 방식은 예전부터 늘 한결같았다. 바로 '일점돌파·전면전개' 전략이다.

어차피 모든 일이 잘 안 된다면, 무엇이든 간에 하나만 '잘되는 일'을 만드는 것이다. 그것으로 충분하다. 한정된 자원을 한 곳에 집중해서 뭐가 됐든 일단 성공 사례를 만들어낸다. 그리고 그것을 확장 전개하는 작전이다.

전략을 정하고 나니 유사와에 내릴 처방은 단순했다. 일단 매장 하나를 선정해서 자원을 쏟아부어 '성공 모델 매장'을 만들기로 했다. 즉 '정상적으로 가동하는 매장'을 만드는 것이다.

표현이 좀 그렇지만 다른 가게는 그냥 내버려두었다. 손님들에게 폐만 끼치지 않고 자금이 돌기만 하면 된다고 생각했다. 긴급 사태가 발생하면 온 힘을 다해 대처했지만 약간의 문제가 있더라도 내 예상 범위 내에서는 눈감고 넘어갔다.

희망이 될 매장을 한 곳만 완성하면 다른 매장도 틀림없이 극적으로 개선될 것이다.

신모델을 전개할 매장은 요코하마 시에 있는 이자카야 '도쓰카점店'으로 결정했다. 이유는 단순하게 집에서 제일 가깝기 때문이었다. 사실은 좀 더 전략적으로 선정해서 매일 가게로 출근하고 싶었지만 그럴 만한 상황이 아니었다. 그래서 신경이 쓰일 때면 언제든 들러 살필 수 있도록 집에서 가까운 매장을 선택했다.

참고로 이 도쓰카점은 앞서 소개한 '영업시간을 지키지 않고 요리사가 고객 옆에서 술을 마시던 가게'였다.

가게를 리뉴얼하는 비용은 5,000만 원 정도였다. 거래처에 결제일을 늦춰달라고 부탁하여 정말 없는 돈을 쥐어짜서 마련했다. 리뉴얼이라고 해도 그 정도 금액으로 할 수 있는 일은 한계가 있었다. 벽지를 바꾸고, 유니폼을 변경하고, 주방 설비를 고치고, 간판을 바꿔 달았을 뿐이었지만 내게는 일생일대의 승부였다.

새로운 가게 이름은 '개운開運 이자카야 시치후쿠七福'로 정했다. 손님들은 "좋은 이름이야. 기운이 샘솟는데!" 하며 호평해주었고, 이름의 유래를 묻는 일도 많았다. 손님들에게는 미안한 말이지만, 이 '개운'에는 사실 밑바닥까지 내몰린 나 자신의 운이 트이기를 기원하는 의미가 담겨 있었다. 운수가 트이지 않으면 회사는 망하고 만다. 복을 가져다준다는 칠복신七福神의 모든 힘을 빌려야만 했다. 그래서 '개운 이자카야 시치후쿠'라는 이름을 붙인 것이다.

지금까지의 습관을 버리고 새로이 성공 모델을 만들려면 그에 적합한 인재도 모아야 했다. 그런 생각으로 스포츠 신문의 세 줄짜리 광고가 아니라 일반 구인 잡지에 광고를 냈지만, 지원한 사람은 단 한 명이었다.

"정직원이라면 어디든 상관없다."고 태연한 얼굴로 말하는 스물다섯 살의 프리터* 남성이었다. 하지만 대화를 나눠보니 일단 성실할 듯했다. 예전에 이자카야 체인점에서 아르바이트들의 리더로 일한 경험도 있어서 그 청년에게 점장을 맡겨 신모델 매장의 미래를 걸어보기로 했다. 가게 인근에 살 곳을 마련해주고 이사도 하게 했다.

실패, 그리고 전해지지 않는 마음

새로워진 가게가 내게는 반짝반짝 빛나 보였다. 예전에는 요리사가 카운터 테이블 안쪽에서 담배를 피우고 손님 옆에서 술을 마시던 매장이었다. 그래서 카운터 테이블 위에 발을 쳐서 요리사와 손님이 직접 대화할 수 없도록 바꿨고, 고객 응대는 모두 점장에게 맡겼다.

메뉴도 대폭 변경했다. 고객층을 넓히고자 여성 고객을 위한 디저트와 샐러드 같은 세련된 메뉴를, 가족 고객을 위한 식사 메뉴를 추가했다.

또한 아르바이트생을 새로 뽑아 공손한 고객 응대를 교육했다. 주문을 받을 때는 무릎을 꿇고 듣는 등 신규 고객에 걸맞은

---

* 안정된 직업 없이 아르바이트만으로 생계를 유지하는 사람

서비스 강화를 도모했다.

2000년 6월, 시치후쿠는 긴장 속에서 오픈 일을 맞이했다. 나는 그 이름에 부합하는 멋진 출범을 예감했다.

그러나 내 예상은 빗나갔고 가게는 빛나지 않았다. 두 달이 지나고 석 달이 지나도 아무런 활약도 하지 못했다. 설비도, 서비스도, 상품도, 분명히 수준이 높아졌는데 어째서인지 손님이 늘지 않았다.

늘기는커녕 최악의 상태였던 리뉴얼 이전의 매출과 수익에도 미치지 못하는 비상사태가 발생했다. 믿을 수가 없었다. 또다시 이제 끝이라는 생각이 들었다. 역시 문외한이 요식업을 해봤자 잘될 리 없다며 침울해했다.

도대체 이유가 뭘까. 눈물을 머금고 생각한 결과 몇 가지 짚이는 데가 있었다.

하나는 새로 채용한 점장과의 관계였다.

'혹시 그만두기라도 하면 큰일인데….'

나는 이 절대적인 불안 탓에 지금까지 그래 왔듯 점장을 조심스럽게만 대했다. 그와 진심으로 마주하려고 하지 않았다.

그에 더해 나 스스로 회사의 장래가 밝다고 100퍼센트 확신하지 않았다. "잘해보자! 나도 내 인생을 걸었으니 같이 열심히 해보는 거야!"라고 말로만 떠들어봤자 상대방에게 마음이 전해질 리 없다. 이것은 점장 역시 꿰뚫어보고 있었다.

그 탓에 점장은 점장대로 마음을 다잡지 못하고 '잘 안 되면 또 이직하면 돼. 일단 하는 데까지 해보지 뭐.' 정도로 생각했던 것이다. 그런 마음가짐이 매장 운영에서 고스란히 드러났다.

이대로는 안 되겠다 싶어서 자세를 바꾸기로 했다. 그 후로는 매일 두 시간씩 점장과 단둘이서 회의를 했다.

"오늘은 어떤 손님이 왔어?" "어떤 메뉴가 많이 나갔지?" "아르바이트 애들은 어떻디?" "그럼 앞으로는 이렇게 해보자." "오늘은 운영 면에서 이러저러했으니 내일부터는 이렇게 저렇게 바꿔보자."

이런 대화를 하루도 빠짐없이 했더니 이번에는 점장이 죽는 소리를 했다.

"더는 못 하겠어요. 그렇게까지 할 작정으로 이 회사에 들어온 게 아니에요. 힘들어서 못 하겠으니 그만둘래요."

그도 그럴 만했다. 직원은 그렇게까지 할 마음이 없는데 사장만 열의에 가득 차서 매일 머리를 맞대고 회의하자며 강요한 것이다.

몇 번을 그만두겠다고 했는지 모른다. 그때마다 설득에 설득을 거듭하며 간신히 마음을 돌려세웠는데, 어느 날 마침내 결의에 찬 눈빛으로 사직서를 들고 왔다.

"무슨 일이 있어도 그만둬야겠어요. 사장님 마음도 이해는 하지만 저까지 궁지에 몰린 기분이 들어서…. 제가 어떻게 하면 그만두게 해주시겠어요?"

막다른 지경에 이른 나는 승낙하는 대신에 조건을 달았다.

"나는 너한테 이 가게의 운명과 회사의 미래를 걸었어. 애초에 네가 없었다면 이 가게는 시작도 안 했을 거야. 이 가게가 번창해서 자리를 잡으면 그만둬도 좋아. 그때까지만 열심히 해줘."

이렇게 말하자 점장은 갑자기 표정이 밝아지더니 "알겠습니다. 열심히 할게요. 가게를 번창시킨 다음에는 꼭 그만둘 거예요!" 하고 말했다.

곰곰이 생각해보면 상당히 억지스럽고 제멋대로인 요구사항이었고, 점장 역시 이상한 선언을 한 셈이다. 하지만 어쨌든 점장도 굳은 각오로 일에 열중하게 되었다. 절대 잘될 것 같지 않았지만, 직원이 그만두면 곤란했다. 밑 빠진 독이든 뭐든 물을 붓는 수밖에 없었다.

고객의 뒤를 밟아 알게 된 패인

이로써 운영 면의 문제는 일단락되었지만 부진에는 또 하나의 이유가 있었다. 사실 그 이유가 진짜 문제였다.

이 무렵, 부진한 까닭이 무엇인지 생각다 못한 나는 잘못된 짓인 줄 알면서도 가게를 나서는 손님을 뒤따라가며 은근슬쩍 대화를 엿들었다. 가게에서 나간 직후에 말하는 소감이야말로 손님의 솔직한 평가라고 생각했기 때문이다.

예를 들면 여성 고객 둘은 "뭐 이런 데가 다 있지?" "그러니까. 괜히 왔어!" 하는 대화를 나눴다. 40대 남성 무리는 "여기, 뭔가 예전 같지 않네." 하고 말했다.

이것저것 노력하는 건 알겠지만 뭔가 이상하다. 열심히는 하는데 초점이 안 맞는다. 정확한 내용은 아니었지만, 대략적으로 예전보다 불편하다는 말처럼 들렸다. 다른 남성 고객들도 모두 비슷한 반응이었다.

비로소 내가 엄청난 실수를 저질렀음을 깨달았다. 나는 이 매장을 반드시 성공시키고 싶었다. 대형 체인점을 포함한 경쟁사와 열심히 비교하고는 "이게 약해, 이게 부족해, 이게 필요해!" 하며 우리 매장의 약점을 샅샅이 파헤쳐 그 부분을 개선했다. 매출을 늘리려고 다른 곳에는 있는데 우리에겐 없는 부분을 보완하여 고객 폭을 최대한 넓히려 했다.

그 결과 타깃이 뚜렷하지 않은 가게가 되었다. 이리하여 '누구에게도 편하지 않은 가게'가 되어버린 것이다.

나도 아직 30대 중반이었으니 '젊은 감각'으로 승부수를 던져 보자는 마음이 있었다고 생각한다. 세련된 메뉴 같은 게 바로 그 상징이었다. 그런데 그것이 전부 빗나갔다.

새롭게 확장하려 한 고객층도 어설픈 방식으로는 유지되지 않는다. 젊은 세대나 여성 고객은 분위기도 볼 겸 한 번쯤은 찾아주었지만 두 번은 오지 않았다. 원래 우리의 고정 고객이었던 중장년 남성들도 떠나갔다.

크디큰 실패였다.

자원이 한정된 중소기업이니만큼, 약점이나 자신에게 없는 부분에 초점을 맞추기보다는 강점이나 이미 갖고 있는 부분에 집중해야 했다. 약한 자일수록 자신의 강점과 장점을 강화하는 게 중요한 것이다. 이는 소중한 깨달음이었다.

좁히다, 결정하다, 흔들리지 않다

타깃을 다시 중장년 남성으로 좁혔다. 타깃팅 전략이 제대로 기능하려면 무언가를 선택하고 버리는 게 중요하다. 즉 경제학에서 말하는 '트레이드오프 trade-off' 사고방식이 필수이다.

트레이드오프란 두 요소가 양립하지 않고 '이것을 얻으려면 반드시 저것을 희생해야 한다.'는 관계성을 뜻한다. 어느 쪽을 얻으려 할 때 다른 한쪽을 포기하지 않으면 두 마리 토끼를 모두 놓치게 된다. 그래서 여성층, 젊은 층, 가족층을 깨끗이 포기하고 예전처럼 '중장년층 남성 고객이 즐겨 찾는 곳'으로 매장의 타깃을 정했다. 승리할 수 있을 만한 분야를 공략한 것이다. 그리고 거기에 자원을 집중했다. 이제는 절대 흔들리지 않겠다고 다짐했다.

유사와가 되살아날 수 있었던 가장 큰 이유는 분명 이 포지셔닝 수정에 있다고 생각한다. 왜냐하면 보통은 포기하지 못하기 때문이다. 특히 요식업에서는 고객 폭을 넓히고 싶은 마음에 '이 손님도 저 손님도 타깃으로 삼고 싶다.'고 생각하기 십상이다.

하지만 우리는 용기를 내서 중장년층 남성 고객으로 타깃을 좁혔는데, 이것이 적중했다. 여성층은 완전히 포기했다기보다는 최소한 여성 고객도 올 수 있는 가게를 만들려고 노력했다. '여성이 좋아하는 가게는 아니지만 와도 괜찮을 만한 가게를 만들자.'는 이상한 콘셉트였다.

요식업계는 간단히 설명하자면 다수 업체가 각축전을 벌

이는 시장이다. 업계에 경쟁 요인이 많고, 규모의 경제가 큰 효과를 발휘하지 못해 중소기업도 생존할 수 있다는 게 특징이다.

주된 경쟁 요인으로는 입지, 가격대, 타깃 고객층, 업태, 요리 등이 있고, 어떻게 조합하느냐에 따라 몇 가지 포지셔닝을 취할 수 있다. 가령 교외에 위치한 디너 레스토랑, 역 앞에 자리한 중식 패스트푸드점, 젊은 층을 타깃으로 한 일본식 이자카야 등 방식은 얼마든지 있다. 그런 만큼 매장의 포지셔닝을 명확히 잡고 절대로 흔들리지 않는 게 중요하다.

당시의 도쓰카점처럼 더 좋은 요리, 더 만족스러운 서비스를 제공하려고 갖은 노력을 기울인 결과 모든 면에서 초점을 잃게 되는 것은 흔히 있는 사례이다.

필요한 것은 수익 구조 계산이다. 세심한 서비스를 추구한다면 홀 직원 수를 늘려야 한다. 하지만 직원을 늘리려면 인건비 설정을 바꿔야 한다. 기본적으로 요식업의 수익 구조는 다음과 같다.

'매출 - 원가 - 인건비 - 임차료 - 수도광열비 - 잡비 = 이익'

그중에서도 가장 중요한 게 원가와 인건비이고, 이 비용은 각 매장에서 조절할 수 있는 부분이기도 하다. 인건비를 올리면 그만큼 어딘가를 조정해야 하는데, 그 어딘가는 결국 원가가 된다.

서비스 수준을 높이려면 원가를 조정하여 수익 구조를 유지해야 하는데, 우리 매장의 생명줄은 상품력(저렴하면서도 신선한 모둠회 등)이었다. 그 강점을 희생하면서까지 서비스를 강화하는 게 과연 고객 가치 향상으로 이어질까?

나는 당연히 상식선의 서비스는 중요시했지만, 그 이상으로 서비스 수준을 높이는 것은 기본적으로 강요하거나 지향하지 않기로 했다.

고객이 우리 가게에 기대하는 바가 무엇인지 정확히 이해하고, 그 부분을 강점으로 삼아 갈고닦자. 모든 면에서 최고를 추구하면 전력을 기울여야 할 원래 장점과 강점에 몰두할 수 없게 된다. 그로 인해 고객이 생각하는 우리 매장의 특징과 차별성이 약해진다.

나는 그렇게 믿었다. 주 고객층을 명확하게 잡고, 손님이 흡족해할 만한 가게를 만드는 것이 해결책이라고 생각했다.

'야마모토 씨. ○○전자에 근무하는 55세 부장. 항상 두세 명과 함께 방문. 모둠회와 냉두부 샐러드, 닭고기 튀김을 주문. 음료는 첫 잔은 맥주, 그다음부터는 고구마 소주.'

이 가공의 야마모토 씨를 만족시키기 위해 머리를 짜냈다.

포지셔닝이 우리 매장의 생명줄

우리 매장의 포지션을 확실히 결정한 다음에 해야 할 일은 기획 하나하나를 타깃 이미지에 모순되지 않도록 통합하는 것이었다. 경영학에서 말하는 '맞춤 전략'이다.

예를 들어 여성 고객을 겨냥한 '참치 아보카도 밀푀유'나 '가마쿠라 특선 채소 샐러드' 같은 메뉴를 없애고, 중장년 남성이 좋아하는 '마구로 부쓰*', '계란말이', '모쓰니코미**' 등으로 변경했다.

조금 높인 가격대도 예전처럼 3만 원 수준으로 되돌렸다. 또한 다른 매장을 따라서 시작한 '무릎 꿇고 주문을 받는' 서비스도 중지했다. 무조건 밝게 주문을 받고 민첩하게 움직인다는, 우리의 타깃 고객이 만족할 만한 서비스에 집중했다.

당시에는 '룸 식 이자카야'나 '다이닝 바'와 같은 멋스러운 가게가 인기를 끌었다. 이른바 '단카이 주니어***'라고 불리는 세대가 데이트나 미팅, 모임에 자주 이용했다.

그 때문에 중장년 남성이 주 고객층이던 대형 이자카야 체

---

* 크게 토막 썬 참치 회
** 내장과 채소, 곤약 등을 넣고 조린 음식
*** 1940년대에 태어난 1차 베이비붐 세대인 단카이 세대 밑에서 1970년대에 태어나 풍족하게 자란 2차 베이비붐 세대

인점이 그 시장을 겨냥해 여성을 염두에 둔 세련된 가게로 변신하기 시작한 시기도 이 무렵이었다.

나 역시 그 시장을 노리다가 보기 좋게 참패한 후에 우리 회사의 강점을 재검토하며 시장을 분석해보았다. 그러자 우리의 강점인 '40~60대 고객이 즐겨 찾는 비교적 가격대가 저렴한 가게'는 거의 존재하지 않았다.

물론 저렴한 가격을 내세우는 염가 프랜차이즈가 있었지만, 거기는 우리가 경쟁하는 시장이 아니었다. 포지션이 비어 있으므로 우리의 강점을 특화한다면 길이 열리겠구나 싶었다. 게다가 우리의 타깃 연령대는 인구가 많은 '단카이 세대'인 만큼, 이 고객들을 흡수한다면 결과적으로 가게는 번창할 것이었다.

이렇게 전략가라도 된 양 멋지게 써봤지만, 솔직하게 덧붙이자면 다른 포지셔닝을 선택하려 해도 돈이 없었다. 세련된 가게, 룸 식 매장으로 고치고 싶어도 그럴 자금이 없었다. 그것이 가장 큰 이유였다.

그 무렵에 상담했던 컨설턴트들도 여성 고객을 겨냥하는 아기자기한 이자카야 포지셔닝을 추천했지만 나는 들으려고 하지 않았다. 결과적으로 나 자신을 믿어서 다행이었다. 그 후 메뉴와 서비스를 바꾸고 재가동에 들어간 시치후쿠 도쓰카점은 떠나갔던 남성 고객이 돌아오면서 매출과 이익이 모두 급상승했다. 특히 이익은 전년 대비 두 배나 되었다. 마침내 일점돌파에 성공했다. 다음은 전면전개였다.

도쓰카점이 성공하면서 무코가오카점, 가미오오카점, 오구치점, 아쓰기점, 오노야마점으로 3개월에 한 곳씩 차례차례 신규 모델로 바꿔 나갔다. 그리고 매장마다 모두 1.5배에서 2배가량 이익이 늘었다.

어떻게든 살아남아 지금에 이른 가장 큰 요인은 이 포지셔닝에 있다. 자사의 강점에 집중하여 장점을 살린다. 그리고 모두 점차적으로 통합해간다. 일생일대의 승부에서 보기 좋게 참패한 끝에 이것을 배운 것이다.

이렇게 글로 보면 모든 일이 순조롭게 진행된 듯하지만 실제로는 문제가 속출하는 상황에서 매장을 리뉴얼하는, 그야말로 외줄 타기와도 같은 나날이었다. 무언가 하나라도 어긋나면 모든 게 와르르 무너질지도 모르는 긴장의 연속이었다.

그래도 어쨌든 '일점돌파·전면전개'는 이렇게 성공했다. 한 줄기 빛이 보이기 시작했다. 덧붙여 말하자면 도쓰카점 점장이었던 직원은 이제 우리 회사의 간부직원이 되었다.

도망치고 싶은 마음은 억누르는 게 정답

이 시치후쿠점에서 새로운 노선을 시도할 때 또 한 가지 측면에서 큰 결단을 내렸다.

나는 매장을 운영하면서 사람 고민이 끊일 날이 없었다. 특히 조리 기술자, 요리사와의 관계는 보통 일이 아니었다. 우리 매장에 있던 요리사는 대부분 뜨내기였는데, 배경도 각양각색에 성격이 강한 사람이 많았다. 너무 힘들어서 요리사에게 의존하지 않는 업태, 즉 '쿡리스 시스템*'으로 전환할 생각도 했다.

그래서 시스템이 갖춰진 업태인 프랜차이즈 가맹을 검토했다. 프랜차이즈인 요시노야 매장 다섯 곳을 운영하고 있던 터라 프랜차이즈에 관한 지식도 있었다. 프랜차이즈 본사를 방문하거나 전람회에 다니기도 했다. 이런 행동 자체는 희망이 보이는 듯해서 신바람이 났다.

요리사에 의존하지 않는 업태로 전환한다는 결정은 매력적이었고, 경영 전략으로써도 정답처럼 느껴졌다.

하지만 그렇게 번드르르한 이유 때문이 아니라는 사실은 잘 알고 있었다. 실제로는 '지금 상황에서 벗어나고 싶다.'는 마음이 가장 컸다.

---

* Cookless system : 완제품을 제공받아 데우기만 하면 되는 시스템

설비투자비용이나 현재의 점포 입지에서 보더라도, 또한 수익률 차이를 생각하더라도 프랜차이즈로 전면 전환한다는 선택지는 바람직하지 않았다.

결국에는 원래 운영하던 이자카야를 부분적으로 리뉴얼하는 길을 선택했지만, 만일 그때 눈앞에 놓인 곤경에서 벗어나려는 목적에서만 프랜차이즈로 전면 전환하는 방침을 택했다면 회사가 지금까지 살아남지는 못했을 것이다. 가맹을 검토했던 프랜차이즈 본부의 이후 상황을 보며 등골이 오싹해진 일도 있었다.

궁지에 몰려 마음이 약해진 상태에서 의사결정을 할 때는 그 동기에 관해 차근차근 자문자답해봐야 한다. 주의해야 할 점은 의사결정의 동기가 무엇인지 정확히 파악하는 것이다.

혹독한 현실의 파도에 이리저리 휩쓸리는 시기에는 그것이 현실 도피이거나 자기 합리화라는 사실을 깨닫지 못하고 의사결정을 하기도 한다. 눈앞의 상황에서 도망치고 싶은 마음이나 문제를 외면하고 싶다는 동기로 의사결정을 하면 결과는 대개 좋지 않다.

16년 전에 갑자기 시작된 경영자로서의 인생은 선택의 연속이었다. 다른 선택지를 버리고 무언가를 선택하는 의사결정이 경영자가 해야 할 가장 중요한 일이라고 절절히 느끼면서 늘 마음에 깊이 새기고 있다.

문외한이기에 가능한 혁신도 있다

포지셔닝 이외에도 고객들을 불러들이기 위한 이런저런 궁리를 했다.

앞에서 이야기한 대로 나는 요식업계에서 일해본 경험이 전혀 없었다. 하지만 경험이 없는 것이야 이제 와서 어쩔 도리가 없다고 생각을 고쳐먹고, 기린맥주 시절에 배운 '고객을 철저히 관찰하라.'를 곱씹으며 그 어떤 가설도 세우지 않고 매장을 돌아보기로 했다. 그러자 의문스러운 부분이 여럿 보였다.

예를 들면 가게 앞에서 "들어갈까 말까." 하며 몇 번이나 주저하다가 결국 발길을 돌리는 고객을 자주 보았다. 역시 가본 적이 없는 가게에 들어가기는 불안한 것이다. 가격도 그렇지만 가게 분위기나 고객층도 신경 쓰이는 부분이다. 들어간 다음에 "역시 별로군." 하고 돌아서서 나오기는 어렵다 보니 내부 상황을 알 수 없는 가게는 피하기 십상이다. 이렇게 생각하니 이해가 갔다.

그래서 매장 입구에 걸린 포렴* 사이즈를 작게 하거나 떼어냈다.

요리사 입장에서는 그때까지 가리개 역할을 하던 포렴을 없

---

* 술집이나 복덕방 등의 출입문에 간판처럼 길게 늘어 놓은 베의 조각

애는 데는 심리적인 저항도 있었다. 그래서 "사장님, 대체 어쩔 셈인데요?"라는 말도 했지만, 나로서는 '포렴이 있는 이유가 뭔데?' 하는 인상을 받았으므로 내 생각을 우선시했다. 손님을 불러들이려고 달아둔 포렴이 '눈가리개용 벽' 역할을 한다면 아무런 의미가 없다.

또한 길거리에서 한 무리 고객이 "어디로 갈까?" 하고 고민하다가 결국 "전에 갔던 그 가게로 가자."라고 결정하는 장면도 여러 차례 목격했다. 특히 남성들은 그런 식으로 결정하는 경우가 많은 듯했다.

음식점은 고객이 일부러 찾아와 주는 '목적 내점'형 점포가 되는 게 가장 좋지만, 그렇지는 않더라도 방문 경험이 있는 사람을 늘리고 '꺼릴 이유'만 만들지 않는다면 서서히 고객이 늘어날 것이라고 생각했다.

우리 매장을 하나하나 봤을 때 다른 매장과는 완전히 차별화된 훌륭한 매장인가라고 한다면, 안타깝게도 그렇지 않았다.

실제로도 나는 직원들에게 "고객의 1순위가 되자."고는 말하지 않았다. 외려 "우리는 3순위, 4순위면 된다. 고객의 1순위, 2순위가 만석일 때 떠올릴 만한 가게를 만들자."고 했다. 목표가 낮아 보이겠지만 그것이 당시 유사와의 전략이었다.

고객에게 잊지 못할 감동을 주지는 못하더라도, 1순위 선택지가 아니더라도, '와봤던 사람'을 만들면 된다. 이 깨달음이 '당연한 일을 당연하게 한다.'는 우리 회사 방침으로 이어졌다.

어필 작전

예약이 가능하다는 점도 홍보했다. 고급 매장뿐 아니라 일반적인 술집도 예약할 수 있다는 사실을 모르는 고객은 예상외로 많았다. 예약이 가능하다는 사실을 알더라도 코스 요리 주문이 필수라고 생각했다. 그래서 자리만 예약할 수 있다는 것을 널리 알렸다.

이 역시 경험에서 오는 선입견 가운데 하나인데, 음식점 직원들은 고객이 예약 방법을 자세히 알고 있다고 단정 짓는다. 직원들은 아무래도 단골손님과 대화하는 일이 많다 보니 고객이 자신의 가게에 관해 잘 안다고 생각하기 쉽다.

그래서 송년회나 환송회, 환영회가 많은 시기에는 예약이 가능하다는 점을 열심히 어필했다. 내가 그런 지시를 내리자 직원들은 "왜 그런 당연한 걸 홍보하죠?" 하며 의아하다는 표정을 지었다. 하지만 자리만 예약할 수 있다는 사실을 두루 알리자 실제로 예약이 급증했다. 특히 신규 고객의 예약이 늘었다는 점은 행복한 오산이었다.

실은 많은 고객이 자신이 자주 다니는 가게에 관해 잘 모른다. 당연히 알겠거니 싶은 부분도 잘 알지 못한다. 그래서 항상 어필할 필요가 있다.

쿠폰을 활용하는 방법도 그렇다. 술집에서는 자주 '맥주 한 잔 무료권' 같은 쿠폰을 길거리에서 나눠주곤 하는데, 이 방식이 상당히 비효율적이라고 생각했다. 쿠폰을 받은 사람이 우리 가게에 올 확률이 너무 낮기 때문이다. 무엇보다도 땡볕이 내리쬐는 여름날이나 찬바람이 쌩쌩 부는 한겨울에 눈길도 주지 않는 사람이 태반인 길거리에서 쿠폰을 나눠주는 직원도 괴로울 게 분명했다.

그래서 나는 서비스 쿠폰을 가게에 온 손님에게 나눠주기로 했다. 한 번이라도 찾아준 사람에게 맥주 쿠폰을 건네서 다음 방문으로 이어지게 하는 편이 낫다고 생각했다.

직원들은 "그러면 단순히 할인해주는 것뿐이잖아요." 하며 반대했다. 뒤에서는 "바보 아냐?" 하고 험담도 하는 모양이었지만 나는 '그래도 상관없어.'라며 실행에 옮겼다. 당시에는 그런 식으로 쿠폰을 나눠주는 가게가 없었지만 요즘은 드물지 않다.

거리를 걷다 보면 어떤 가게가 문을 닫아 빈터가 되었을 때 거기에 무슨 매장이 있었는지 기억나지 않는다. 이것은 그 가게가 풍경의 일부였을 뿐이기 때문이다.

이런 식의 풍경이 되지 않으려고 노력했다. 고객이 선택해주지 않는 정도가 아니라 존재조차 알아채지 못한다면 곤란하다. 구체적으로는 가게 앞에 변화를 주려고 노력했다. 빈번한 이벤트 기획도 대처방법 가운데 하나였다.

예를 들어 매월 27일은 참치의 날로 정해 다랑어 요리를 추천했다. 29일은 고기의 날로 정해 고기 요리를, 3월 8일은 고등어의 날로 정해서 고등어 요리를 선전했다. 그 외에도 녹색의 날[*]에는 샐러드, 8월 6일은 햄의 날로 정해 햄가스[**] 등 각각의 이벤트 데이를 만들었다[***]. 썰렁한 말장난을 갖다 붙여 만든 날까지 포함해서 지금도 매월 두세 차례는 작은 이벤트를 열어 가게 앞에서 어필한다.

그날의 매출로 이어지지 않더라도 가게 앞을 지나는 사람들이 '재미있는 이벤트를 하는구나.' 하고 생각해준다면 그것으

---

[*] 자연보호를 상기하고자 제정된 일본의 공휴일
[**] 고기 대신 햄을 돈가스처럼 튀긴 요리
[***] 모두 한국의 삼겹살데이, 오삼데이처럼 날짜에서 연상되는 음식을 이용한 이벤트다.

로 충분했다. 직접적인 매출 상승이 아니라 우리 가게가 존재한다는 사실을 알리는 게 주목적이었다. 말장난을 재미있게 응용하려 한 기획이 썰렁한 아재 개그가 된 것도 있었지만, '참치의 날'을 비롯한 몇 가지 이벤트는 이제 고객들이 가게를 찾는 목적으로 자리 잡았다.

돌이켜보면 시답잖게 여겨지는 사소한 일이지만, 이런 노력을 꾸준히 하다 보면 좋은 결과로 이어진다고 믿어 의심치 않는다.

메뉴북도, 장식용 채소도 필요하지 않다

서비스 면에서는 고객, 즉 메인 타깃인 중장년 남성이 가치를 느끼지 못하는 것은 모두 폐지했다. 대표적인 예가 메뉴판 개편이었다.

손님들의 행동을 자세히 관찰하니 중장년 남성은 여성들과 달리 메뉴판을 제대로 보지 않았다. 음식점 컨설팅을 받으면 대개 멋들어진 메뉴북을 만들자는 이야기가 나오는데, 아저씨들에게 몇 페이지나 되는 메뉴는 괴로울 따름이다.

실제로 남자들 대부분은 가게에 들어와 첫 주문을 할 때 메뉴를 대충 훑어보고 단번에 주문했다. 술을 마시기 시작한 다음부터는 다시 메뉴판을 보는 일은 거의 없고 "규스지* 있나?" 하고 직접 물어봐서 주문하는 경우가 많았다.

생각해보니 일하면서 온종일 서류와 글자를 읽었는데 술 마시러 와서까지 메뉴를 읽기는 귀찮다고 느끼는 게 당연했다.

그래서 코팅 처리한 한 장짜리 메뉴판으로 바꾸고, 지나치게 많아진 메뉴 수도 과감히 줄였다. 많은 종류의 메뉴는 현장에서도 부담이 되어 상품력 저하로 이어진 상태였다. 그래서 큰맘 먹고 메뉴 수를 줄였는데 고객에게서 불만의 목소리가 나오는 일은 없었다.

메뉴를 줄이는 한편 '벽 부착용 피오피POP'를 이용해 상품을 어필하기 시작했다. 벽 부착용 피오피란 좌석의 벽에 붙여두는 메뉴다.

먼저 좌석별로 다른 상품을 붙여 보았더니 벽에 붙어 있는 메뉴를 주문하는 횟수가 크게 늘었다. 대부분의 손님들은 피오피를 보고 주문을 결정했다.

이 결과를 바탕으로 메뉴를 선정해서 벽에 붙여두었다. 예를 들어 맛도 좋고 질도 좋은데 메뉴판 속에 묻혀 있던 요리를 골라 피오피로 내걸자 주문이 늘어났다. 그리고 어느새 에이급

---

* 牛スジ : 소 힘줄과 무, 곤약 등을 넣고 조린 음식

상품으로 등극했다. 또한 우리 가게의 간판메뉴인 모둠회는 원가가 상당히 높았다. 그래서 원가가 낮으면서도 고객에게 인기 있을 만한 메뉴를 벽에 붙여두었는데, 그 메뉴가 많이 나가게 됨으로써 전체적인 원가를 조절할 수 있었다.

이렇게 고객에게 좋은 평가를 얻으면서 우리가 팔고 싶은 상품의 판매를 늘렸다. 기린맥주에서 배운, 소매점에서는 기본 중의 기본인 '인스토어 머천다이징*' 방식을 이자카야에서 활용한 것이었다.

그에 더해 거의 먹지 않는 '장식용 채소'도 눈 딱 감고 중단했다. 예컨대 많은 요리에 곁들여 나가던 채 썬 양배추는 내가 관찰한 바로는 남기는 고객이 태반이었다. 사람에 따라서는 젓가락도 대지 않았다. 그러면서도 원가는 꽤 높았다.

"차라리 안 내보내는 게 어떨까?" 하고 제안하자 직원들은 "그래도 장식이 있어야…."라고 말했다. 그래서 무늬가 들어간 접시를 쓰거나 튀김 종이 위에 음식을 얹는 식으로 허전함을 없앴다.

모둠회에 곁들이는 국화꽃이나 차조기 잎도 마찬가지다. 지금까지는 습관처럼 해왔더라도 고객에게 가치가 전해지지 않

---

* 상품 종류나 진열 방식을 과학적, 통계적으로 검토하여 수익을 최대화하는 방식

는다고 여겨지면 과감히 중단했다. 중지했는데 매상이 떨어지면 원래대로 되돌리면 그만이었다.

고객에게 전해지지 않은 가치 중에는 초밥을 두 개 세트로 제공하는 것도 있었다. 우리 가게에서는 초밥 두 개 세트를 1,200원에 판매했다. 원가를 생각하면 상당히 애쓴 가격이었지만 나는 애초에 왜 두 개씩 파는지가 의문이었다.

하나씩 파는 편이 여러 가지를 조금씩 맛볼 수 있을 테니 오히려 주문이 늘지 않을까 싶었다. 그래서 종류를 엄선해서 한 개를 1,000원에 제공하자 실질적으로는 가격이 꽤 올랐는데도 고객 클레임은 전혀 없었고, 역시나 예상대로 주문량이 늘었다.

음식에 관해 초짜였던 나의 무기는 고객을 찬찬히 관찰하는 것, 내 입장이나 가게 입장에서가 아니라 사실을 사실로써 있는 그대로 보는 것이었다. 그 무렵에는 내 역할을 '고객의 대변인'이라 간주하며 직원들을 이끌었다.

축소 균형책으로 수익을 확보하다

이렇게 해서 단숨에 이익이 껑충 뛰자 리뉴얼 비용은 은행에서 빌리지 않고 마련할 수 있게 되었다. 각오를 다진 그날로부터 3년이 지나 있었다. 그와 동시에 재무 면에서는 이익을 우선하고 빚을 줄여가기 위해 확대 균형이 아닌 '축소 균형' 전략을 채택했다. 이는 아버지와 정반대의 방식이었다.

우리 아버지가 좋은 사례지만, 창업 경영자는 위기를 확대 균형으로 타개하는 경향이 있다. 자신이 승천하는 용처럼 회사를 성장시켜왔기 때문에 상황이 나빠지더라도 '더 많은 지점을 내면 된다.'는 발상으로 이어진다. 과거의 성공 체험에 사로잡히는 것이다. 게다가 확대책을 선택하면 체면이 구겨지지도 않는다. 그래서 아버지는 빚더미에 올라앉아서도 질주를 멈추지 않았던 것이다.

하지만 사업이 원활하지 않고 체제가 붕괴된 상태에서 매장을 확대한들 잘될 리가 없다. 상처가 커지면서 경영은 더 깊은 수렁에 빠질 뿐이다. 신뢰할 수 있는 직원 수만큼만 정상적인 매장 운영이 가능한 것이다. 그것을 뼈저리게 느낀 나는 철저한 축소 균형 노선을 선택했다.

그 무렵에는 채산이 안 맞는 적자 매장은 거의 없었지만, 이익을 최대화하고자 과감히 매장 수를 줄여나갔다. 흑자이더라도 효율성이 나쁘고 수익이 적은 매장은 문을 닫았다. 노래방, 사우나, 마작 게임장 등의 업태도 한꺼번에 정리했다.

이자카야는 패스트푸드점 등과는 달리 고객의 체류시간이

길어서 서비스하는 직원의 수준에 따라 고객 만족도와 매출이 확연하게 달라졌다. 인재가 경영의 핵심이고, 사람이 이익을 창출한다는 사실을 절실히 느꼈다.

따라서 평균보다 조금 수준이 낮은 직원들로 매장 세 곳을 운영하기보다는 우수한 인재를 한곳에 모아 팀워크가 좋은 상태에서 운영하면, 그 매장 하나만으로 세 개의 매장을 합친 수익 이상을 올리는 일도 드물지 않다. 나는 그 효과를 노렸다.

주위에서 뭐라고 하든

또한 이때 자사 건물 세 채를 매각했다. 애초에 이 거액의 빚은 토지와 건물 매입에서 시작되었기 때문에 그 물건들을 처분해나갔다.

장부가액 110억 원인 물건을 13억 원에 매각했다. 장부가액 90억 원짜리를 8억 원, 장부가액 45억 원짜리를 5억 원. 그야말로 헐값에 내놓았다. 어머니는 아깝다며 탄식했지만 어쨌든 빚을 줄이고 싶었다. 창업주라면 이런 행동을 할 수 없다. 자기가 피땀 흘려 사들인 것을 바나나 떨이 판매하듯 처분하지 못할 것이다. 하지만 나로서는 그런 감상에 젖을 겨를이 없었다.

자사 건물을 매각함으로써 빚 변제에도 유리해졌다. 110억

원인 물건을 10억 원에 팔면 100억 원의 매각 손실이 발생한다. 매각 손실은 발생했지만, 나중에 이익이 점점 올라갔을 때 이월된 손실이 없기 때문에 그 금액만큼 전부 빚을 상환하는 데 돌릴 수 있게 된 것이다.

회사가 보유한 좋은 물건은 임대로 돌렸다. 확실한 현금 수입을 확보하기 위해서였다.

인재가 이익을 창출하므로 사람이 바뀌면 이익은 배 이상이 된다. 그렇다면 일정하게 수익을 내는 좋은 입지의 자사 건물은 임대를 놓는 게 안정적이고, 그곳에서 일하던 인재는 더 이익을 높일 수 있는 매장에서 일하게 하는 편이 낫다.

그 상징적인 예가 오후나 역 앞에 있는 자사 건물이었다. 당시 그 건물에 있던 이자카야는 사내에서도 1, 2위를 다툴 만큼 매출이 높은 매장이었지만 폐점하였고, 그 자리를 빌리고 싶어 하던 파친코에 임대를 주었다.

이 일을 실행한 후에는 수없이 많은 잡음이 들려왔다.

"저 사람은 한심하기 짝이 없어. 아버지가 공들여 쌓아올린 걸 자기가 하기 싫으니까 파친코 점에 바로 빌려줬지 뭐야."

"머리가 어떻게 된 거 아니야?"

아버지의 지인 중 몇 분이 이렇게까지 말하더라는 소문을 전해 듣고 정말 원통했다. 사정을 모르는 외부인이 한가한 소리를 하는구나 싶었다. 게다가 이런 내 생각은 사내에서도 이해받지 못했다.

하지만 결과는 적중했다. 내가 회사를 물려받기 직전인 1998년 10월 결산에서 서른세 개 매장의 전체 매출은 220억 원, 영업이익은 7억 3,000만 원밖에 안 됐다. 경상이익으로는 적자였다.

그러나 2014년 10월, 다시 말해 가장 최근의 결산에서는 열네 개 매장의 총매출이 150억 원, 경상이익은 16억 원이었다. 축소함으로써 이익은 더 높아진 것이다.

내가 주변 사람들에게 '불효막심하다.'거나 '정신이 나갔다.'는 소리를 들을 만한 일을 추진할 수 있었던 이유는 창업주가 아니어서 매장 하나하나에 각별한 애정이 없었기 때문이다.

이렇게 말하면 냉정하게 들릴지 모르지만, 창업자는 회사를 자기 자식처럼 키워왔기 때문에 아무래도 감정이 실리고 판단력이 흐려진다. 합리적으로 생각하면 답은 명확한데도 '창업 1호점은 없앨 수 없다.'라든가 '이 직원은 이동시킬 수 없다.'와 같은 판단을 하게 된다.

반면 내 경우는 '자금난을 완벽히 없애려면 어떻게 해야 하는가?'라는 관점에서 논리적으로 이끌어낸 결론이었다. 순수하게 사실을 사실 그대로 본 것이다. 하지만 철수전 같은 축소 균형 전략에는 진통이 따랐다.

특히 우리가 고액의 보증금을 넣어둔 건물주는 퇴점을 좀처럼 용납하지 않았다.

매장을 정리하겠다고 알리면 노골적으로 언짢은 기색을 보이며 "아버지랑 절대 안 나가기로 약속했다."라든가 "운영 방식에 문제가 있어서 그렇지, 조금만 개선하면 매출이 오를 거다."라며 만류했다. 그래도 나가겠다는 의지를 꺾지 않으면 '몹쓸 후계자'라거나 "젊은 사람이 한심하다."라는 등의 비웃음을 사기도 했다.

건물주에게는 미안했지만 우리로서도 그 보증금이 생명줄이었다. 어떤 소리를 듣든 매장을 정리할 수밖에 없었다. 보증금을 돌려받지 못해 재판까지 간 일도 있었다. 그래도 나는 철수를 멈추지 않았다.

신규 매장 오픈은 활기차고 화려하지만, 철수전은 어딘가 비참함을 떨쳐버릴 수 없었다. 창업자가 충실히 매장을 늘려가면서도 철수할 때를 염두에 두지 않으면 뒤를 잇는 사람이 몹시 힘들어진다.

달갑잖은 역할이었지만 나밖에 할 수 없는 일이라는 생각으로 묵묵히 임했다.

'조직'이 힘들다면 '일대일'

요식업은 사람이 이익을 창출한다. 사람이 있기에 매장을 운영할 수 있고, 수익이 생긴다. 그래서 나는 직원 한 사람 한 사람과 열성을 다해 관계를 맺었다.

점포 리뉴얼이 궤도에 오르면서 신규 매장을 총괄할 젊은 점장을 조속히 뽑아야 했다. 원래 점장이 둘밖에 없던 회사다. 구인 잡지와 헬로워크*에 광고를 내고 업체에 소개를 부탁했다. 그리고 사람을 만났다 하면 "누구 일할 사람 없나요?" 하고 묻곤 했다.

입사 의향이 있는 사람은 거의 다 채용했다. 때로는 면접 당일에 함께 술을 마시러 가서 인간관계를 쌓으며 소중한 인재를 놓치지 않으려 했다.

이유는 잘 모르겠지만 요식업에 오래 종사한 사람은 빚이 있는 경우가 많았는데, 그들과 함께 대부업체에 가서 내 돈으

---

* 일본의 취업지원센터

로 대신 빚을 갚아준 일도 있었다. 대신 빚을 갚자마자 종적을 감추는 사람도 있었다. 그래도 어쨌든 사람이 필요했다.

운영 면에서는 내가 기린맥주에 다니는 동안 관리직 경험이 없기도 해서 결국 '조직'을 만들지 못했다.

그 대신 한 사람 한 사람을 개별적으로 살피기로 했다. 직원 70명과 각각 '일대일 관계'를 만들었다. 그 결과 직원 대부분이 "나는 사장님에게 고용되었다." 혹은 "내 (직속) 상사는 사장님이다."라고 생각하게 되었다.

매장에 들를 때면 직원에게 "별일 없지?" 하고 꼭 물었다.

"무슨 일 있어?"

"별일 없어요."

"지금의 '별일 없어요.'에서 그늘이 느껴지는데?"

이런 대화를 주고받다 보면 직원들은 억지로라도 안 좋은 소식을 알려주었다. 이렇게 행동한 이유는 가게가 망하지는 않을까 하는 불안과 내가 예전에 직면했던 문제행동의 싹이 어딘가에 잠재해 있지는 않을까 하는 두려움 때문이었다.

상당히 개인적인 상담을 요청받는 경우도 많았다. 그래서 이 '1대70'의 관계는 솔직히 부담이 컸지만, 할 수 있는 게 그것밖에 없으니 어쩔 도리가 없었다.

어느덧 나 자신을 '긴파치 선생님'이라고 생각하게 되었다. 〈3학년 B반 긴파치 선생〉은 다케다 데쓰야 주연의 드라마로, 일본인이라면 누구나 다 아는 학원물의 명작이다. 이 선생은 학생들이 문제를 일으킬 때마다 한 사람 한 사람과 소통하면서 해결해간다. 지금 내가 직원들을 상대로 하는 일도 그와 마찬가지라고 생각했다.

실제 성실한 선생님이라면 40~50명쯤 되는 학생 한 명 한 명과 소통하며 지도할 게 분명하다. 그렇다면 나도 똑같이 할 수 있지 않을까?

직원 대부분은 이제까지 남에게 보살핌을 받는 일이 그다지 없었던 모양이어서 내가 한 사람 한 사람과 진지하게 관계를 맺으려 하는 모습을 좋게 받아들여 주었다. 그리고 직원들은 그만큼 고객과 소통하는 데 집중해주었다.

직원들과 나눈 대화를 메모하다

그 무렵에는 직원 한 사람 한 사람의 정보 파일도 만들었다.

매장을 돌면서 직원과 이야기한 내용을 '○○씨 부모님은 농사를 지어서….'라든가 '○○씨는 작년에 부모님이 돌아가셔서….'와 같이 메모해두고 틈이 날 때마다 읽어보곤 했다.

이 파일은 직원 수가 늘어나기도 했고, 일일이 그런 화제를 꺼내지 않아도 자연스럽게 대화를 나눌 수 있게 되면서 그만두었다. 하지만 직원들과 나눈 대화를 메모해두는 습관만은 지금까지도 이어가고 있다. '11월 8일, ○○을 나무라다.' '28일, ○○와 모쓰나베* 이야기를 하다.'와 같은 식이다.

다음에 만났을 때 "그때 이러이러했던 일은 괜찮아졌어?" "고향에 계신 어머님 건강은 이제 괜찮으셔?" 하고 그 후의 상황을 물으면 마음을 여는 사람이 많았다.

또한 전 직원에게 회사에서 만든 일정표를 나눠주었는데, 내 일정표에만 직원들 생일이 전부 적혀 있었다. "생일 축하해."라고 말을 건넬 뿐, 특별히 무언가를 하지는 않았지만 자신을 살펴준다는 안정감을 느끼는 듯했다.

관리직 직원 7명과는 일주일에 한 번씩 교환일기를 주고받으며 업무 진척 상황 등을 파악했다. 회사원이라면 다 알겠지만, 일하면서 언제가 제일 싫은가 하면 상사에게 어려운 이야기를 하러 갈 때다. 나도 정말 질색이었다.

상사도 바쁘다 보니 그런 이야기는 가급적 듣고 싶어 하지 않는다. 하지만 부하직원이 부담 없이 의논할 수 없는 분위기

---

* 일본식 곱창전골

여서 도와달라는 SOS를 보내기 힘들어지면 보이지 않는 곳에서 사태가 점점 더 악화된다.

그래서 나는 직원들이 문제를 마음속에 담아두지 않도록 "뭐든 써라. 하기 어려운 말은 '에잇!'이라고만 써도 된다."고 말했다. 그러자 꽤 심각한 이야기까지 적혀서 돌아오게 되어 이제는 받아들이는 내가 도리어 읽고 싶지 않아졌다. 하지만 그렇기 때문에라도 안 좋은 정보가 전해지도록 내가 먼저 발 벗고 나서서 장치를 마련해야 한다고 실감하게 되었다.

밝아진 분위기

이런 식으로 여러 가지 시스템을 갖추면서 매장을 바꿔나가자, 전부터 일하던 종업원 중에는 지금 같은 자유로운 방식이 불편해져서 그만둔 사람도 있었다. 반대로 새 방식에 맞춰 자기 자신을 바꿔나가며 회사에 남아서 활약해준 사람도 많았다.

그렇게 변하게 된 가장 큰 이유는 역시 결과가 나왔기 때문이라고 생각한다. 당시 직원들의 신뢰를 얻으려면 나로서는 무엇보다도 결과를 내는 게 중요했다. 난폭한 직원이어도, 삐딱한 직원이어도 고객이 기뻐하면 그들 또한 행복해했다. 그리고 자신이 한 일이 좋은 결과로 이어진다는 것은 즐거운 법이다.

신규 노선의 모델 매장이었던 시치후쿠 도쓰카점에는 새로 채용한 전직 프리터 점장 외에 요리사 두 명이 배치되어 있었다. 두 명의 요리사는 아버지가 살아계실 때부터 근무한 비교적 젊은 직원이었다.

메뉴를 개발하는 시점부터 함께 프로젝트를 진행했으므로 세 사람 사이에는 팀워크가 생긴 상태였다. 하지만 요리사 한 명이 새 점장과 부딪치면서 바로 일을 그만두고 말았다. 이제까지 주방이 주체가 되어 이끌어가던 방식을 바꾸려 한 게 원인이었다. 머리로는 이해하더라도 운영체제의 변화를 몸으로 직접 느끼고 나니 적응하기 힘들었을 것이다.

다른 요리사 한 명은 나와 어느 정도 인간관계가 있던 터라 새로운 운영 방식을 받아들여 주었다. 하지만 신규 매장이 잘 풀리지 않자 금세 관계가 삐걱대는가 싶더니 점장과 주방의 책임 떠넘기기가 시작되었다.

예전 방식이 좋다고 생각하지는 않았지만 결과가 나오지 않자 그 불만을 서로에게 쏟아내는 관계가 되어 있었다. 하지만 앞서 말했듯 매장의 포지셔닝을 재점검하고 타깃을 중장년 남성으로 좁혀 성과를 내기 시작하자, 문제는 싱거울 정도로 간단하게 해소되었다. 그리고 모든 일이 순조롭게 돌아가기 시작했다. 결과의 힘을 절실히 느낀 사건이었다.

또한 우리 회사에는 패밀리 레스토랑에서 이직한 점장이 있다. 유명 대학을 졸업하고 대기업이 운영하는 패밀리 레스토랑에서 일하던 남성이었는데, 그는 예전 직장보다 네임 밸류도, 근무조건도 뒤떨어지는 유사와에서 열심히 일하고 있다.

언젠가 문득 신기하게 느껴져서 "왜 우리 회사에 왔어? 왜 그렇게 열심히 일하는 거야?" 하고 사장이 해서는 안 될 질문을 하자 그 직원은 이렇게 대답했다.

"패밀리 레스토랑에서 일할 때는 매출이 계속 줄어서 괴로웠어요. 그런 상태가 이어지는 게 정말 싫었는데, 우리 회사로 옮기고 나서는 매출이 점점 오르면서 결과가 나오더라고요. 손님들이 평가해준다는 게 피부로 와 닿았어요."

그 점장의 말은 매우 인상 깊었다. 역시 결과가 나온다는 것은 중요한 일이구나 하고 실감했다.

고객에게 평가받은 에피소드로는 한 직원이 개발한 히트상품인 '모쓰니코미'가 있다. 신메뉴 개발의 일환으로 내가 제안하여 연구에 연구를 거듭한 끝에 완성한 '모쓰니코미'는 고객 설문조사에서 호평을 받았다. 그래서 벽에 피오피를 부착해 홍보하자 상당한 인기 메뉴가 되었다.

그러자 요리사 본인도 기뻐 보였다. 원래는 무뚝뚝하고 조금 쌀쌀맞은 요리사였는데, 직접 개발한 메뉴가 인기를 얻고 고객에게 "맛있다."는 말을 들으니 역시 즐거워했다. 나도 "○○씨가 만든 모쓰니코미는 최고지!" 하고 칭찬하였고, 가게 분위기는 더욱 활기를 띠었다.

어쨌든 '잘나가는' 느낌

우리 직원 중에는 예전 직장에서 엄한 지도나 질책을 받으며 일한 사람이 많아서 설교 모드에 들어가면 곧바로 마음을 닫아버리는 경우가 많았다. 설교 모드로는 내가 전하고 싶은 것이 상대방의 마음에 담기지 않았다. 그래서 나는 우선 무언가를 인정해줌으로써 상대의 '마음의 컵'이 위로 향하도록 주의를 기울였다. 일단은 컵이 위를 보게 한 다음에 전달하고 싶은 말을 했다. 그렇게 하면 전하고 싶은 말이 순조롭게 컵 안으로 들어갔다.

어설픈 겉치레는 금세 간파되었다. 그래서 항상 상대의 좋은 점을 진지하게 찾았다. 그것은 어느새 나의 습관이 되었다. 마음을 다해 찾으면 칭찬할 부분은 반드시 있었다. 그 내용은 사람에 따라 각양각색이다.

맛있는 모쓰니코미를 만드는 직원이 있는가 하면, 항상 활기차게 인사하고 행동이 재빠른 직원도 있었다. 특별히 기량이 뛰어나지 않더라도 쉬지 않고 매일 출근한다면 그 점을 칭찬했다.

그 밖에도 직원들의 사기를 높이려고 이런저런 행사를 마련했다. 서비스 콘테스트, 상품 콘테스트, 월간 우수상과 같은 표창 제도를 만들어 열심히 일한 사람은 동료들로부터 박수와 함께 칭찬받을 기회를 가능한 한 많이 만들었다.

'잘나가는' 느낌을 연출하려고 칭찬할 만한 요소를 찾아내어 두루 알렸다. 예컨대 경쟁사에 뒤지는 부분이 많더라도 "○○○(라이벌 가게) 모둠회 봤어? 우리 모둠회가 압도적으로 괜찮지 않아?" 하며 앞서고 있는 부분을 강조했다.

업적 면에서도 "한 달 전체로 보면 마이너스지만, 마지막 일주일만은 플러스였어!" 하고 알 듯 모를 듯한 부분이라도 칭찬하는 데 주저하지 않았다.

주위에서 제대로 인정받아본 경험이 없는 사람은 항상 결과가 나오고 있다, 잘 풀리고 있다고 생각하지 않으면 금방 의욕을 잃어버린다.

사실 그것은 누구보다도 나를 위한 일이었다. 회사의 좋은 점을 골똘히 생각해내서 이야기함으로써 나 자신을 북돋우려 한 것이다. 남의 사정이 이러네 저러네 하기에 앞서 나는 400억 원의 빚을 떠안은 처지였다. 직원이 빚을 끌어안고 있든, 그때까지 인정받아본 경험이 없든, 가장 궁지에 몰린 사람은 바로 나였다.

4장

천국 다음은 또다시 지옥

역대 최고 수익에서 신문 보도 사태로

─남은 빚─

2003
~2007

원금   30,000,000,000₩
갚은 금액   10,000,000,000₩

TOTAL   20,000,000,000₩

● ● ● ● ● ● ●
● ● ● ● ● ● ●
● ● ● ● ● ●
● ● ● ● ●
● ● ● ●

● = 10억

- (주)유사와 -

1년에 20억 원의 부채를 상환하다

진흙탕 속을 기어가듯 갖은 고생을 하며 빚을 갚는 나날을 보내다 보니, 2003년 말 시점이 되자 부채 잔액이 300억 원 정도까지 줄어 있었다. 1년에 20억 원씩 상환한 셈이니 기대 이상으로 순조로웠다.

그렇게까지 이익을 높일 수 있었던 데는 요식업계 특유의 수익 구조가 큰 몫을 했다. 요식업은 '피플즈 비즈니스People's business'라는 말이 있을 정도로 똑같은 간판, 똑같은 메뉴여도 점장이나 직원 등 '사람'에 따라 실적이 달라진다. 즉 안이하게 규모를 확장하면 인재육성이 따라가지 못해서 수익률이 떨어지는 경향이 있다.

특히 이자카야는 패스트푸드점과 달리 고객의 체류시간이

길어서 사람이 어떻게 컨트롤하느냐에 따라, 즉 접객 수준에 따라 고객에게 제공할 수 있는 가치가 크게 달라진다. 게다가 사용하는 식자재 수가 워낙 많아서 규모의 경제도 거의 통하지 않는다. 그렇게 생각하면 대형 체인이 반드시 경쟁 우위를 갖는 게 아니라, 우리 같은 지역밀착형 이자카야도 살아남을 수 있는 업계이다.

다음으로는 원가관리를 할 줄 아는 점장을 배치한 후부터 인건비, 원가, 수도광열비 등이 감소했다. 이는 인재 채용 수단을 바꾸면서 나타난 일이다. 그때까지 완전히 무용지물이었던 매장에 우수한 점장이 들어오자 0이었던 이익이 2,000만 원 정도까지 오른 일도 있었다. 그 외의 직원은 바뀌지 않았는데도 말이다. 그 점장이 들어옴으로써 연간 2억 4,000만 원, 5년간 10억 원 정도의 이익이 발생했다. 내가 사람이 이익을 창출한다고 했던 말은 이런 의미이다.

세 번째로 요식업은 임차료 등 고정비가 높은 업종이어서 매출이 떨어지면 곧바로 힘들어진다. 반대로 매출이 손익분기점을 넘으면 이익이 급격하게 증가한다. 축소 균형 노선의 성공에는 이런 특성도 도움이 되었다.

요식업계의 구조적인 면 외에는 2003년 7월에 본사 사무실을 이전한 것도 컸다. 그때까지는 요코하마 시 교외에 있던 예전 사무실을 그대로 사용하고 있었는데, 현장과 더 가까워지려고 오후나에 있는 4층짜리 매장 일부를 사무실로 바꿨다.

현장과 본부를 일체화하여 바로바로 "이거 시식 좀 하게 해줘."라든가 "잠깐 얘기 좀 할까?"와 같이 곧바로 행동을 취할 수 있게 되면서 상품개발과 인재육성에 가속도가 붙었다.

하지만 옛 본사에서 이전한 이유는 무엇보다도 '빨리 여기에서 벗어나고 싶다.'는 마음이 강했기 때문이다. 본사 사무실은 어두침침했고, 내게는 좋은 기억이라곤 눈곱만큼도 없는 장소였다. 상승기류를 타고 심기일전을 도모하고 싶었다.

광우병 사태로 또다시 지옥 같은 자금난이 시작되다

폭풍우 속 같았던 내 마음에 약간의 여유가 생기면서 잿빛 하늘 정도가 되었다. 벽에 걸어둔 '일일 달력'이 그 무렵에는 계속 같은 숫자를 가리키고 있었다는 게 그 증거였다. '5년간, 1,827일'까지는 아직 수백 일이 남아 있었지만 나는 달력에 의존하지 않고도 스스로 걸을 수 있게 되었다.

여전히 힘겨운 나날의 연속이었지만, 적어도 '지금 당장에라도 도산 가능성이 있는 회사'에서는 벗어났다. 이쯤에서 개인 파산하여 훌훌 털어버리는 것도 선택지 중 하나였다. 하지만 사죄의 괴로움과 파산 수속의 번잡함을 저울질했을 때 이대로 열심히 노력하는 편이 낫겠다고 생각하기 시작하였다.

그러나 호사다마라더니…. 2003년 말에 미국에서 BSE(일명 광우병)에 걸린 소가 확인되자 일본 정부가 미국산 소고기 수입 금지를 결정한 것이다. 나는 그 뉴스를 집에서 보고 있었는데, 순간 나도 모르게 괴성이 터져 나왔다.

"마, 마, 말도 안 돼!"

믿기지 않는 한편, 드디어 올 것이 왔구나 싶기도 했다. 일본에서 광우병에 걸린 소가 발견되었다는 이야기는 이미 화제에 올라 있었으므로, 만일 미국에서 발생한다면 우리 회사는 큰일이겠다 싶어 예의 주시하고 있었다.

왜냐하면 당시 유사와가 5개 점포를 운영하던 요시노야는 인기 있는 규동 프랜차이즈여서 회사가 최악의 상황에 놓여 있던 시기에도 안정적인 수익을 가져다주었기 때문이다. 전체적으로는 이익의 30퍼센트를 차지했다. 그것이 경우에 따라서는 제로가 될 수도 있었다.

간신히 여기까지 일으켜 세웠는데, 빚도 순조롭게 갚아나가고 있어서 이제 됐구나 싶던 참이었는데, 이로써 모든 게 끝이란 말인가. 나는 뉴스를 보면서 '이제 제발 그만!' 하고 신음했다. 이제는 그립다고까지 생각했던 절망감이 물밀듯 밀려왔다.

다른 대형 규동 체인이 호주산 소고기로 대체하는 사이, 요시노야는 내 예상대로 '미국산 소고기가 아니면 자사 제품의 맛을 유지할 수 없다.'며 2004년 2월부로 규동 판매 중단을 선언했다. 재고가 떨어지는 판매 마지막 날에는 각 방송사의 취재진이 요시노야에 집결하여 '규동 최후의 날'이라며 보도하기도 했다.

경영을 하다 보면 정말 무슨 일이 벌어질지 알 수가 없다. 규동 전문점인 요시노야에서 규동을 판매할 수 없게 되자, 무대 조명이 꺼진 듯한 충격을 받았다.

그렇지만 아무것도 하지 않고 그저 손 놓고 있을 수만은 없었다. 어떤 상황에서든 내가 할 수 있는 일을 꾸준히 하는 것이 길을 개척한다고 믿었다. 그때도 나는 후회를 남기지 않기 위해 내가 할 수 있는 일이 무엇인지 곰곰이 생각한 끝에 '달걀로 바위 치기'를 실행하기로 했다.

농림수산성이 주최하는 공청회에 몇 번씩이나 참석해(물론 혼자서) 회의장에서 손을 들고는 '안전성이 확보된 후의 조기 수입 재개'를 끊임없이 호소했다.

참석자 300여 명 가운데 90퍼센트는 소비자단체 사람들로 보였다. 당연히 수입 재개는 반대했다. 솔직하게 소비자의 안전을 대전제로 말하자면, 이 건은 과학적인 '안정성'의 문제와 감정적인 '안심'의 문제가 뒤섞인 까다로운 의제였다.

나 같은 사람이 발언한들 효과는 거의 제로겠지만, 그래도 내가 할 수 있는 일은 하고 싶었다. 요시노야 본부에서도 임직원 모두 우리 프랜차이즈 체인과 함께 역경에 정면으로 맞서 주었다. 고마웠고 큰 용기를 얻을 수 있었다.

하지만 상황은 혹독했다. 요시노야에서 나오는 이익이 급감하고 또다시 지옥 같은 자금난이 시작되었다. 세상은 참 가혹하구나, 하고 원망도 했다. 이제 한 발짝이면 밑바닥에서 벗어나겠다 싶던 차에 또다시 제자리로 되돌아갔다.

그때부터는 긴장을 늦출 수 없는 나날이 이어졌다. 자린고비 같은 인색한 운영 방식을 더욱 철저히 고수하며, 그 후 수년간을 위태위태하게 버텼다.

그때는 직원들에게 정말 미안했다. 리뉴얼한 매장이 궤도에 올라 앞으로는 조금이라도 월급과 휴가를 늘리려던 시기였는데, 광우병 사태가 터져 또다시 자금 융통이 최우선시되면서 그 약속이 미뤄졌기 때문이다. 그 점이 제일 괴로웠다.

역대 최고 이익 달성과 대형은행 부채 완납

요시노야가 규동 판매를 부분 재개한 때는 2006년 12월이었다. 나는 그동안 이자카야 부문에서 철저히 이익을 우선하여 경영하였다. 자나 깨나 매출, 인건비, 원가 계산만 했다.

매주 점장들을 본사에 불러 모아 계수관리*만은 철저하고 엄격하게 지도했다. 직원들은 정신적으로나 경제적으로도 힘겨웠을 것이다.

그나마 유일한 위안은 이런 위기에 몰림으로써 이자카야 부문이 한 단계 도약했다는 점이었다. 요시노야의 이익은 거의 제로였지만, 2006년 12월에는 이자카야 부문에서 역대 최고 이익을 갱신하였다.

또한 그사이에도 쌓인 이익을 꼬박꼬박 부채 상환에 충당한 결과 빚이 점점 줄어들었고, 2006년 4월에는 염원이었던 대형은행의 대출금 120억 원을 전부 갚았다.

내가 확실히 한 고비 넘겼다고 느낀 것은 그때였다. 조촐하게나마 아내와 둘이서 와인을 마시며 축하했다. 마지막으로 '축하'한 게 언제인지 기억나지 않을 만큼 오래간만이었다. 아

---

* 감이나 경험이 아닌 금액이나 수량 등의 수치를 근거로 경영하는 방식

직 280억 원의 빚이 남아 있었으므로 행복 일색은 아니었지만, 나 자신도 놀라우리만치 해방감이 느껴져서 밤에 푹 잘 수 있게 되었다. 대형은행과의 관계는 나에게 트라우마가 될 정도로 괴로운 일이었고, 가슴을 억누르는 돌덩이였다.

실제로 당시에 쓴 일기를 다시 읽어보면 '이로써 도산할 일은 없어졌다.'고 강한 필체로 적혀 있다. 여기까지 오는 데 나는 얼마나 많은 밤을 잠들지 못했던가.

아무리 피곤해도 일 문제가 머리를 스치면 곧바로 잠이 달아났다. 잠들지 못하는 밤이면(매일 밤이었다고 해도 좋다.), 나는 이불 속에 들어가 소설 낭독 CD를 들으며 잠을 청했다. 그때 들었던 것은 이케나미 쇼타로*의 《오니헤이한카초》**와 《검객장사》*** 등이었다. 이런 낭독 CD는 스토리에 빠져들게 해서 그 순간만큼은 잠시나마 일에 대해 잊을 수 있었다.

일 문제를 잊고 스토리에 집중하기만 하면 피곤으로 인해 스르르 잠에 빠져들었다. 만약 한밤중에 잠이 깨면 또 CD를 틀었다. 그리고 또 잠깐이나마 잠들었다. 해 뜰 무렵까지 몇 번이고 반복했다.

* 일본의 유명한 시대소설가
** 실존 인물인 하세가와 헤이조가 방화, 절도, 도박을 단속하며 활약하는 내용
*** 검객인 아버지와 아들이 다양한 사건을 해결해가는 내용

일기와 상환 실적표도 잠들지 못하는 밤의 위안이었다.

나는 지금도 일기를 빠뜨리지 않고 쓴다. 괴로운 일이 있을 때면 더 힘겨운 상황을 극복했던 지난날의 일기를 읽으며 눈앞에 닥친 문제와 맞설 용기를 얻었다. 매일 쓰다 보니 어느새 힘든 일이 있었던 날의 일기에는 마지막에 '이 일 역시 꼭 극복할 수 있다.'라고 쓰는 게 습관이 되었다.

일기와 함께 '상환 실적표'도 직접 만들었다. 이제까지 내가 걸어온 길, 조금씩이라도 이루어온 일들을 확인하기 위해서였다. 괴로울 때면 그것을 보면서 다음 달에도 힘내자며 기운을 북돋우곤 했다. 400억 원을 또박또박 갚아온 그간의 발자취가 담긴 실적표였다.

빚이 줄어드는 속도가 빨라지자 월말마다 상환 실적표에 직접 입력하는 작업이 즐거워졌다. 앞서 말한 일일 달력과 마찬가지로 입력하는 일 자체가 낙이 되었다. 이렇게 극복해온 120억 원만큼의 나날을 마침내 보상받은 것이었다.

대형은행의 대출금 상환이라는 최대 현안이 사라지고, 이자카야 부문이 절정에 달해 있었다. 이제 대망의 규동 판매만 재개되면 앞으로는 2, 3할 정도 이익이 더 증가할 것이다.

이로써 단숨에 채무 완제를 향한 상승기류를 탈 수 있다는 생각은 지극히 당연했다. 이제 드디어 본격적으로 반전 공세에 나설 타이밍이다. 진정한 의미의 경영에 매진할 기반이 갖춰졌고, 모든 것은 지금부터라고 생각했다. 2006년 12월, 이번에야말로 밑바닥에서 탈출했다고 믿어 의심치 않았다.

그러나 악몽은 아직 끝난 게 아니었다. 오히려 이제부터 악몽의 제2막이 열렸다고 할 수 있을 만큼 엄청난 사태가 기다리고 있었다. 밝은 미래가 시작될 예정이었던 2007년이었지만, 1월부터 3월까지 석 달 동안 회사를 뒤흔드는 대사건이 세 건이나 연달아 발생하였다.

노로바이러스 발생으로 인한 신문 보도 사태

최초의 대사건은 노로바이러스로 식중독을 일으켜 신문에 보도된 사태였다. 1월 하순의 어느 토요일, 한 매장에서 "점장을 포함해 몇 명이 몸 상태가 나빠서 쉬어야 한다."는 보고를 받았다. 증상을 물으니 유행성 독감 같다고 했다.

"알았어. 그래도 매장문은 열도록 해."라고 지시한 후 그날은 나머지 직원으로 그럭저럭 가게를 돌렸다. 그런데 다음날, 상태가 나빠진 직원이 몇 명이나 더 나왔다. 직원들은 "올해는 독감이 유행하는 모양이다."라고 말했지만, 나는 그때 설사와

구토라는 증상을 듣고 꺼림칙한 예감이 들었다. 독감치고는 조금 이상하다고 생각하고 있었는데, 월요일이 되자 보건소와 고객에게서 전화가 걸려왔다.

이어서 다른 고객으로부터도 연락을 받았다. 오들오들 떨렸다. 기도하는 심정이었지만, 검사 결과 고객과 우리 직원 모두에게서 같은 종류의 노로바이러스가 검출되었고, 우리 매장의 음식이 원인으로 판정되었다.

'어떻게 하지.' 그것이 머릿속에 떠오른 유일한 생각이었다. 매출이 떨어질까 봐 걱정한 게 아니었다. 어차피 망하기 직전이었던 회사다. 그런 건 조금도 개의치 않았다.

전부터 위생관리만은 귀에 못이 박이도록 일러두었다. 도산 직전이든 적자든 뭐든, 음식점으로서 식중독만큼은 일으키고 싶지 않다고 생각해왔다. 회사의 긴 역사에서 처음 벌어진 사고였다. 우리 가게를 믿고 음식을 먹은 손님에게 누를 끼쳤다는 게 진심으로 송구스러웠다. 너무도 엄청난 일인지라 일기의 글씨도 아무렇게나 휘갈겨 쓰여 있었다.

'지금 엄청난 위기 상황이다. 어떻게 할 도리가 없다. 이제 정말 끝이다.'

하지만 이런 말에 이어 '유례없는 위기지만 반드시 극복할 수 있다. 나중에 이 일기를 봤을 때는 이 고비를 넘겼을 게 분명하다.'라고도 적혀 있었다. 비틀비틀 녹다운 일보 직전이었지만, 이때는 아직 공격 자세를 취하고 있었다.

사흘간 영업 정지 처분을 받고 신문에도 기사가 실렸다. 고객에게 사죄와 보상을 하는 고통스러운 나날이 이어졌다.

"우리 집에는 애가 있어. 가족한테 옮으면 어쩔 거야!"

많은 질타를 받으면서 그저 죄송한 마음으로 바닥에 손을 짚고 깊이 머리 숙여 사과했다.

토요일에 첫 보고를 받고 월요일에 보건소와 고객들의 연락을 받은 후 일요일에 보건소의 처분이 내려졌고, 그다음 월요일에 신문 기사가 났다. 대략 일주일 동안 생긴 일이었지만, 내게는 한 달 정도로 느껴지는 긴 시간이었다.

노로바이러스는 식자재 취급에 주의를 기울여도 감염된 직원이 매장, 특히 주방에 들어가면 예방하기가 어려워진다. 몸이 안 좋은 직원이 매장 안에 들어오지 못하도록 미리 차단하는 방법밖에 없다.

그래서 지금은 '건강상태 체크표'를 반드시 쓰도록 하고 "몸 상태가 의심스러우면 출근하지 마라."고 지시한다. 언젠가는 한 직원이 "병원에 갔더니 단순한 장염이니까 괜찮다고 했다."

고 말했지만 괜찮을 리가 없다. 노로바이러스일지도 모르니 설사나 구토 증상이 있으면 출근 금지다. 직원들끼리 대화하다가도 그런 증상이 있었다는 이야기가 나오면 흘려듣지 말라고 단단히 일러두고 있다.

내가 경영자로서 가장 괴로웠던 일은 고객에게 폐를 끼친 이 식중독 사건이다. 다행스럽게 그 후에도 고객들의 지지를 받으며 매출은 계속해서 높아졌지만, 우리가 고객에게 크나큰 잘못을 저질렀다는 사실은 늘 가슴에 새기고 있다.

신뢰하던 직원의 죽음

두 번째 사건은 엄청나게 충격적인 일이었다.

아버지가 운영하실 때부터 오랫동안 근무한 베테랑 요리사 S씨가 갑자기 유명을 달리한 것이다. 향년 47세, 원인은 당뇨의 악화였다.

S씨는 그전에도 몸 상태가 나빠져서 몇 번인가 입·퇴원을 반복했는데 "일하게 해달라."는 본인의 강력한 의지가 있어서 그때마다 바로 복귀시키곤 했다.

S씨에게는 아내와 두 아이가 있었다. 사정이 있어서 수도권 근교에 사는 가족과 떨어져 직원 기숙사에 살면서 한 달에 한

번씩 집에 돌아가는 생활을 하고 있었다. 그런데 집에 돌아갔을 때 갑자기 쓰러진 것이다.

옛 요리사 기질을 그대로 지닌 데다가, 거친 그네들 사이에서도 '괴팍하기로 명성이 자자한 사내'였다. 젊은 시절에는 반사회적 집단에 속해 있다가 뒤늦게 정신을 차려 손을 씻고 정통 요리사가 된 사람이었다.

내가 회사를 물려받았을 때 주변에서 "우리 회사에 엄청난 사람이 있어요. S라고, 얼마나 험상궂은지 몰라요." 하는 평판을 듣고 도대체 얼마나 무서운 사람이 나오려나 싶어 전전긍긍했는데, 실제로 만나보니 김이 샐 정도로 좋은 사람이었다.

S씨와 나는 어째서인지 마음이 잘 맞았다. 나이는 나보다 조금 위였고, 그때까지 걸어온 인생길은 완전히 달랐다. 하지만 그는 내 방침에 동조하며 급격히 변화하는 유사와의 운영 방식에 성심껏 따라주었다.

그는 상하관계가 분명해서 조금 불만이 있더라도 사장의 말은 절대로 거스르지 않는다는 기준을 갖고 있었다. 나는 나대로 사장이 되기 전부터 상대가 누구든 연장자에게는 '씨'를 붙여 부르며 예의를 갖추는 성격이었다. 그런 점 때문에 잘 맞춰갈 수 있었다고 생각한다.

S씨는 독특하게도 도에이*의 협객 영화에 나올 법한 말투를 썼다. 묘하게 엄숙한 어조로 "내뱉은 말은 주워 담을 수 없습니다!" 같은 말을 하는가 하면, 회사에 찾아온 내 친구를 보고는 "사장님, 객인께서 오셨습니다."라고 했다. '객인'이라니, 하고 생각했는데 지금 떠올리니 그런 S씨의 말투가 사뭇 그립다.

그 말투나 과거 이력 탓에 두려움의 대상이었지만, 배짱이 두둑하고 요리 실력도 뛰어나서 회사에서는 두루 인정받는 존재였다. 요리사끼리 다툼이 벌어졌을 때 중재하는 능력도 탁월했고, 뜨내기 요리사들이 결탁해서 가게가 통제 불가능한 상황에 빠졌을 때도 S씨가 나서면 골치 아픈 문제들이 척척 해결되었다. 정말 대단하다고 생각했다.

언젠가는 상태가 상당히 심각한 매장으로 파견한 일이 있는데, 그곳에서도 그는 내 걱정과는 달리 "괜찮아요. 모두 잘 대해줍니다." 하며 의연한 표정을 지어 보였다.

S씨에게는 정말 많은 도움을 받았다. 그가 없었다면 요식업계 경험이 전혀 없는 샐러리맨이었던 내가 제멋대로인 요리사들을 한데 모으기는 불가능했을 것이다.

---

* 일본의 영화제작사

S씨가 세상을 떠나기 얼마 전에 병원이라면 질색하는 그를 억지로 끌고 간 일이 있었다. 그의 당뇨가 꽤 중증이라는 사실을 알고 있었으므로 수차례 통원 치료를 권했지만 고집을 부리며 말을 듣지 않았다. 그래서 "나도 피검사를 해야 하니까 같이 가자."고 설득해서 진찰을 받게 했다.

하지만 그렇게 S씨의 건강을 걱정했으면서도 나는 연말 성수기를 앞두고 그의 "일하고 싶다."는 말에 기대고 말았다.

지금도 생각한다. 그때 붙들어 매서라도 강제로 입원시켰다면 그가 쓰러지는 일은 없지 않았을까. 염려하는 척하면서 실은 바쁜 와중에 그가 일해주기를 바라는 마음은 없었는가. 직원의 건강보다는 가게 운영을 더 중히 여기지는 않았나.

S씨 집에 조문을 가서 가족들과 이야기를 나눈 후, 내 판단을 후회하는 나날이 이어졌다. 뒷날 S씨의 가족이 나를 찾아와 "정말 좋은 회사에 들어가서 좋은 사장 밑에서 일하고 있다고 몇 번이나 말했다."고 전해들었을 때는 그나마 다행이라고 느끼면서도 죄송한 마음은 떨칠 수가 없었다.

화재로 모조리 불타버린 가게

S씨를 잃고 상심과 반성의 나날을 보내던 중에 벌어진 악몽의

결정타는 3월 말에 매장에 발생한 화재였다. 식중독 사고에서 간신히 회복했을 즈음, 매장 하나가 몽땅 불에 타버린 것이다.

노로바이러스에 감염된 고객들에게 보상을 끝내고 영업도 다시 시작하면서 손님들 덕분에 매출도 회복세를 보이고 있었다. 나뿐 아니라 직원들도 고객에게 큰 누를 끼치고 신뢰를 저버렸다는 사실에 큰 충격을 받은 터라, 다 함께 "두 번 다시 이런 일은 없도록 하자."며 반성에 반성을 거듭했다.

다시는 같은 일이 일어나지 않도록 하자는 마음이 뭉쳐 대책이 생겨났고, 송별회와 환영회가 몰려 있는 대목인 3, 4월에 다시 한 번 열심히 해보자며 의욕을 불태우던 그날 밤이었다. 새벽 3시경, 직원이 다급한 목소리로 전화를 걸어왔다.

"사장님, F점에 불이 났어요! 죄다 타버린 것 같아요!"

원래 밤에 걸려오는 전화에 좋은 소식이 없다는 것쯤은 경험상 알고 있었지만, 이때만은 보고를 받고 벌떡 일어났다.

그 건물은 우리 회사 소유로 1층에 요시노야를, 2층에 꼬치구이 전문점을 운영하고 있었다. 번화가에 있어서 이웃에는 심야영업을 하는 가게도 많았다. 전화를 건 직원도 자세한 사정을 모른다고 해서 곧바로 현장으로 가도록 지시하고, 나도 허

겁지겁 집을 나섰다.

  차 안에서 정신이 나갈 것만 같았다. 전부 다 탔다면 사망자가 나왔을 가능성도 있다. 불길이 번져서 근처 가게나 건물에도 피해가 미치지는 않았을까? 어쩌지, 어쩌지, 어쩌지….

  괴로운 망상은 점점 커졌고, 온몸이 사시나무 떨리듯 했다.

  '부디 인명피해는 없게 해주세요. 제발 부탁합니다!'

  끊임없이 기도하면서 현장에 도착하니 소방차가 열 대 정도와 있었고 구경꾼이 바글바글했다. 불이 시작된 곳은 2층의 꼬치구이 전문점이었다. 망연자실이란 바로 그런 것이었다.

  하지만 불행 중 다행으로 사망자와 부상자는 한 명도 없었다. 소방서의 화재 조사 때 들은 바로는 최소한 불길이 번지는 것은 막은 모양이었다. 내 인생에서 이때만큼 안도한 일은 그 이전에도, 이후에도 없다.

  인명피해는 없었으나 2층 점포는 시커멓게 탔고, 1층에 있는 요시노야도 물에 잠겨 당분간은 속수무책일 듯했다.

  주변에 끼친 직접적인 피해는 증권회사가 특수 제작하여 설치한 매우 값비싼 통신 케이블이 불타버린 것과 이웃 유흥업소의 영업을 방해한 것이었다. 특히 전자는 큰 문제가 되었지만 코가 땅에 닿도록 머리를 조아려 사죄하는 수밖에 없었다.

까맣게 탄 채 흠뻑 젖어 있던 가게 내부는 아직도 눈앞에 생생하다. 내 인생에서 가장 두려웠던 광경 중 하나다.

모두 다 내 책임이다

노로바이러스로 인한 식중독, S씨의 죽음, 가게의 화재…. 이렇게 문제가 거듭되고 나서야 비로소 깨달은 바가 있었다.

모든 원인은 나에게 있다는 사실이다. 자조적인 의미는 결코 아니다. 이렇게 연달아 사건이 벌어진 후, 냉철하게 생각해서 도출한 결론이다.

노로바이러스 사건은 내가 직원들을 무리하게 만든 게 원인이었다. 노로바이러스에 감염된 직원이 출근해서 일했기 때문에 감염이 확산된 것이다. 보통 노로바이러스에 감염되면 도저히 일할 수 있는 상태가 아니다. 그런데 말 그대로 기어서 출근한 것이다.

계수관리를 엄격하게 한 탓에 직원 수가 적었으므로 한 사람이라도 쉬면 다른 직원들에게 피해를 주게 되는 환경이었다. 직원이 몸 상태가 나쁘더라도 기를 쓰고 출근할 수밖에 없는 상황을 내가 만들어놓았던 것이다.

내가 많이 의지했던 S씨의 죽음은 앞서 말했듯 그의 건강을 염려하는 한편, 그에게 기대려는 마음을 끊어내지 못했기 때문이다.

매장에서는 인건비를 줄이기 위해 한 명이 몇 개나 되는 역할을 맡는 게 상식이었다. 불에 무언가를 올려놓고 계산대 업무를 보는 경우도 있었다. 충분히 청소할 여유도 없어서 후드는 기름때에 찌들어 있었다. 요리사가 잠시 눈을 떼고 다른 작업을 하는 사이에 불이 튀어 올라 후드에 들러붙은 기름에 옮겨 붙은 게 화재의 원인이었다.

나열해놓고 보니, 내 운영 방식이 모든 일의 원인이었다는 사실을 바로 깨달을 수 있었다. 그리고 지난 몇 개월 동안 연달아 발생한 일들로 인해, 나는 이제 더 이상 경영할 자격이 없다고 생각했다. 내 머릿속에는 이익, 이익, 이익! 온통 이익밖에 없었다. 규동 판매 중단 이후에는 특히 그런 경향이 더 강해졌다.

"매출을 올려야 해. 쓸데없는 인건비는 줄여! 불필요한 원가는 없애! 이익을 최대화하는 거야!"

이렇게 외치며 끊임없이 질주한 부작용은 이런 사건으로 표면화하였다.

그리고 생각했다. 나는 경영자로서 적합하지 않다. 빚을 갚는

'기계'로서 사업은 할 수 있을지 몰라도 사람을 육성하고 직원들을 충분히 헤아리며 좋은 경영을 하기란 불가능한 게 아닐까.

더욱이 그런 표면적인 이유뿐 아니라 그저 '더는 못 하겠어, 이제 무리야.' 하는 생각이 강하게 들었다. 회사를 물려받은 후에 처음으로 백기를 든 것이다.

나는 간부직원 몇 명을 불러 "회사를 정리하고 싶다."고 털어놓기로 했다.

사업을 그만둘 결심을 하다

극복할 수 없을 것 같은 사건이 잇따라 발생했을 때는 '일일달력'으로 결의한 1,827일이 이미 지난 시점이었다. 그래서 나는 이제 그만 하자고 생각했다. 이런 시련은 정말이지 지긋지긋했다. 더는 못 견디겠다고 생각했다.

당시 요식업계에는 M&A(인수합병)가 왕성했다. 예전 직장에서 M&A 관련 경험이 있어서 기본 지식은 있었다. 곧장 전문회사에 알아보니 나는 무일푼이 되지만 빚은 빠듯하게나마 제로에 가까워질 가능성이 있었다. 본전치기가 가능하겠다는 그림이 그려졌다.

그렇다면 어떻게 할 것인가.

고민 끝에 일부 간부직원에게 털어놓았다. 아마 술자리였던 것 같다. 중대발표를 하는 느낌이 아니라 어디까지나 농담처럼 가볍게 말을 꺼냈다. 아무도 말리지 않을 것이라고 생각했다.

"저기, 나 말이야, 더는 못 해먹겠어. 그래서 우리 회사를 큰 기업에 팔까 하는데, 어떻게 생각해?"

반대하는 시늉이야 하겠지만 다들 받아들일 거야. 큰 회사와 합병하면 네임 밸류도 올라가고 근무조건도 개선되니 불만은 없겠지. 적어도 거세게 반발하는 일은 없을 것이라고 한 치의 의심도 하지 않았다. 그러나 예상을 뒤엎고 직원들은 결사 반대했다.

"잠깐만요, 사장님. 저희도 여기에서 열심히 해볼 작정인데 회사를 파네 마네 하시는 게 어디 있어요? 그런 말씀 마세요."

"힘든 일이 연달아 일어난 건 사실이지만, 저희도 반성하고 있어요. 다 같이 노력해서 이제 그런 일이 생기지 않는 회사를 만들면 되잖아요. 다 내려놓고 싶은 마음도 충분히 이해해요. 하지만 저희도 인생을 걸었는걸요."

"저희도 최선을 다할게요. 도망치지 않고 열심히 할게요!"

깨달음을 얻었다고 해도 좋다. 나는 직원들의 이런 목소리를 듣고서야 비로소 깨달았다. 우리 회사를 '자신의 회사'라 생각하는 사람이 있다는 사실을.

이 빚투성이 유사와라는 회사는 내게 있어 '무거운 짐'에 지나지 않았다. 어쩌다 보니 휘말려서 별수 없이 떠맡았을 뿐이었다. 직원들에게는 줄곧 "내 인생을 걸었어. 그러니 너희도 인생을 걸고 해줘."라고 말하면서도 내 빚을 갚으려고 그들을 이용하는 것뿐이지는 않나, 하는 죄책감이 늘 머릿속 어딘가를 맴돌았다.

직원들이 유사와를 진심으로 자기 회사라고 생각한다면 그것은 그것대로 내게 큰 부담이었다. 내가 도망칠 곳이 없어지기 때문이다. 그래서 직원들에게 회사에 대한 애정 따위는 있을 리 없다고 믿고 싶었다. 하지만 그들은 더할 나위 없이 진심이었다. "이 회사에서 내 꿈을 이루려 한다."고까지 말해준 직원도 있었다. 믿기지가 않았다. 직원들이 그런 생각을 하고 있을 줄이야….

10년 가까이 회사를 경영하면서 그런 것도 깨닫지 못한 나 자신이 한심하기 그지없었다. 그들의 목소리를 들으면서 나는 도망치지 말자고, 그리고 사업을 계속하는 이상 진짜 경영자가 되자고 다짐했다.

제정신을 유지하는 방법

천국에서 지옥으로 떨어진 경험은 인생에서 두 번째였는데, 내가 지옥에 살면서 제정신을 놓치지 않으려고 썼던 방법을 몇 가지 적어둘까 한다.

첫 번째로 늘 내 심리 상태를 파악하려고 노력했다.

지금 나는 어떤 심리 상태인가, 어떤 감정이 생겼는가. 이런 부분을 항상 객관적으로 의식하려 했다. 예를 들어, 거울을 들여다보며 머리나 옷매무새를 점검하듯이 나 자신의 심리 상태를 확인하는 것이다.

또한 정신적으로 불안정해지면 '지금 어떤 감정이 생겨났는지'를 객관적으로 인식하려 했다. 그 감정을 '몸 밖'으로 끄집어내어 관찰하는 것이다. 소리 내어 말하지는 않지만 '아, 불안해졌구나.'라든가, '오늘은 우울하구나.'라든가, '화가 났구나.'라고 언어화하면 그것으로도 마음이 편안해졌다. 자기감정을 인식하면 평온해진다. 이것은 분명하다.

아침에 눈을 떴을 때 몸이 안 좋으면 '오늘은 열이 좀 있네. 컨디션 조절을 해야겠어.'라며 조심하려 한다. 그와 마찬가지로 '오늘은 조금 우울하네. 지난번 그 문제가 아직 해결되지 않아서 그런가 봐.'라는 식으로 생각하는 것이다.

요즘도 안 좋은 연락을 받은 후에 '아, 이 전화 탓에 무척 우울해졌구나.' 하는 식으로 마음과 대화한다. 그런다고 해서 근본적인 문제가 해결되지는 않지만, 적어도 '이 부정적인 감정의 원인은 이것이다. 그러니까 나는 내가 할 수 있는 이러이러한 일만은 해보자.'라는 단계까지는 갈 수 있다.

두 번째 노력은 말투다.

당시 내가 처한 환경에서 일상생활을 하다 보면 '부정적인 말'밖에 나오지 않았다.

"어차피 안 돼." "왜 나한테만 이런 일이…." "무슨 이런 말 같지도 않은!" "이제 제발 그만."

이런 말을 입 밖에 낼 때마다 마음이 약해지고 피해의식이 강해졌다. 왜냐하면 내 말을 가장 잘 듣는 사람은 나 자신이기 때문이다.

그렇게 되면 긍정적인 대처가 불가능해지므로 말투에도 상당히 조심했다. 허세이든, 억지이든, 오기이든 뭐라도 상관없이 긍정적인 말만 했다. 나도 모르게 부정적인 말이 튀어나오면 그 자리에서 바로 바꿔 말할 정도로 진지하게 임했다.

세 번째로 보는 것, 듣는 것에 주의를 기울였다.

예를 들면 책이나 영화를 보며 마음의 평온을 얻는 것이다. 애독서라고 해도 좋을지 모르겠지만, 나는 제2차 세계대전에서 전사한 학도병들의 유서를 모은 유고집인 《들어라, 해신의 목소리를》에서 꽤 오랫동안 위안을 얻었다. 여러 권을 사서 사무실과 집, 전화기 옆, 자동차 안 등 이곳저곳에 두었다. 괴로워질 때마다 바로 그 자리에서 손을 뻗어 펼쳐보기 위해서였다.

그 책에 실린 유서를 보며 그분들의 마음을 생각하면 지금 나의 고난은 아무것도 아니라고 여겨졌다. 엄청난 빚이 있고 은행에서 굴욕적인 말을 듣는다 한들 그게 어쨌다는 말인가. 그분들의 억울함에 비하면 내 처지를 한탄하는 것은 사치였다. 비즈니스 서적을 읽을 마음은 들지 않았지만, 이 책에서는 정말 많은 격려를 받았다.

음악은 감정을 이입하게 하는 곡이 아니라 의욕을 북돋워주는 곡만 골라 들었다. 내가 즐겨 들은 곡은 영국 작곡가 에드워드 엘가의 〈위풍당당 행진곡〉이다. 운전할 때 음량을 한껏 높여 들으면 기운이 샘솟았다.

야자와 에이키치*의 노래에서도 용기를 얻었다. 300억 원의 빚을 짊어지고 돈을 갚아나가는 그의 모습에 동질감을 느꼈다.

---

* 일본의 유명 록 가수

엔카**는 멀리했다. 마음이 약해졌을 때 삶의 비애를 노래하는 엔카를 들으면 정말로 우울해지기 때문이다. 지금도 일부 매장을 제외하고는 배경 음악으로 엔카를 트는 것을 금지하고 있다.

영화는 〈대부〉와 〈바람과 함께 사라지다〉를 몇 번씩이나 봤다. 주인공인 마이클 꼴레오네나 스칼렛 오하라에게 내 처지를 오버랩하며 그들이 삶을 헤쳐나가는 태도에 용기를 얻었다. 특히 〈대부〉는 백 번도 넘게 봤을 것이다. 처음부터 끝까지 다 보는 게 아니라 좋아하는 장면만 선택해서 보면서 그때마다 용기를 얻었다.

스칼렛 오하라가 "두 번 다시 돈 때문에 쩔쩔매지 않도록 만들겠어!" 하고 다짐하는 장면 등은 말로 다 표현하지 못할 만큼 좋았다. 보고 나면 의욕이 솟아났다.

네 번째로는 나 자신에게서 원인을 찾았다. 일어난 모든 일은 필연이지 우연이 아니며, 그 기반에는 내 사고방식이나 행동이 있다고 여겼다. '모든 근원은 나 자신'이라고 생각했다.

물론 그것은 '자책'의 의미였지만, 한편으로는 '내가 통제할

** 애절한 정서를 담은 일본의 대중가요 장르

수 없는 원인으로 괴로운 일이 연이어 벌어진다.'고 생각하기가 두려웠기 때문이기도 했다.

누군가가 갑자기 그만두겠다고 말을 꺼냈을 때 '내게 왜 이런 일이 생기지?' 하고 불운을 한탄하거나 남 탓으로 돌리던 시기에는 사태와 정면으로 맞설 수 없었다.

그러나 '그때 내가 저 직원에게 이러저러한 말을 한 게 잘못이었어.' 하며 내게서 원인을 찾으면 '그럼 이렇게 설명해보자.'라든가, '이번에는 방법이 없겠지만 다음에는 같은 실패를 반복하지 말자.'라고 생각할 수 있다. 즉 전철을 밟지 않도록 조심하게 되는 것이다.

어떤 상황에서든 내가 사고방식이나 행동을 바꾸면 길이 열린다고 믿었다. 나 자신에게서 원인을 찾다 보니 좌절할 때도 있었다. 하지만 좌절했던 내가 직원들의 이야기를 듣고 또다시 일어설 수 있었던 것도 '모든 근원은 나 자신'이라는 인식이 바탕에 깔려 있었기 때문이라고 생각한다.

마지막으로 우주를 떠올리곤 했다. 혹독한 현실에 직면하여 의욕이 꺾일 때면 대개 시야가 좁아져 눈앞의 문제에 마음을 빼앗겼다. 그래서 내 문제는 정말 사소한 일일 뿐이라고 생각하기 위해서 광활한 우주를 떠올렸다.

내 빚은 400억 원이지만 우주의 크기는 150억 광년이다. 차원이 다르다. 나는 어느샌가 머나먼 은하나 행성 사진집을 보는 게 취미가 되었다. 몇억 광년 떨어진 별들을 보고 있자면 눈앞에 닥친 문제 따위는 별일 아니라는 생각이 들었다. 우주를 떠올린다니…, 이제 와서 보면 허풍스럽고 실없는 소리처럼 들린다. 하지만 당시에는 정말 진지했다. 그렇게라도 하지 않으면 정말로 내가 이상해져 버릴까 봐 불안했다.

나는 이렇게 몇 가지 습관을 만들어 간신히 기운을 되찾곤 했다.

5장
후회도 망설임도 사라진 날

─ 남은 빚 ─

2007
~ 현재

원금　　　20,000,000,000₩
갚은 금액　18,500,000,000₩

TOTAL　　1,500,000,000₩

● ◖ · · · · ·
· · · · · · ·
· · · · · · ·
· · · · · · ·
· · · · · · ·
· · · · · · ·

● = 10억

― (주)유사와 ―

좋은 회사를 만들다

직원들 덕분에 나는 나 자신에게 큰 문제가 있다는 사실을 깨달았다.

혹독한 일이 연달아 일어나긴 했어도 문제가 이 정도로 마무리된 것은 아직 신이 보살펴주기 때문이라고 생각했다. 식중독으로 고객에게 큰 폐를 끼쳤지만 직원들의 의식이 바뀌었고, 두 번 다시 같은 일을 일으키지 않겠다는 기개가 생겨났다. 불이 나긴 했지만 부상자도 사망자도 나오지 않았다. '이렇게 방치하다가는 돌이킬 수 없는 일이 벌어질 테니 이쯤에서 결단하라.'는 메시지라고 받아들였다.

그와 동시에 나 자신이 변하지 않는 한 틀림없이 똑같은 문제가 발생하리라는 생각이 들었다. 두 번 다시 그런 일을 일으키고 싶지 않았다. 그래서 이제부터는 경영 방식을 바꾸자고 결심했다.

그때 만든 캐치프레이즈가 이것이다.

'모든 일은 손님, 그리고 함께 일하는 동료의 웃음과 기쁨을 위하여!'

이런 자세를 확실히 밝힘으로써 내 마음은 매우 편안해졌다.

왜냐하면 앞서 말한 대로 나는 '직원들을 속여 빚을 갚는 데 끌어들였다.'는 죄책감에 시달렸기 때문이다. 직원들에게는 회사 사정을 일절 알리지 않았고, 입으로는 "좋은 회사를 만들자."라고 말하면서도 나 스스로 5년 이후의 미래를 생각하지 않았다. 불과 얼마 전까지도 빚을 전부 갚을 수 있다고 믿지 않았다.

게다가 경영이 안정 궤도에 오른 이후에도 그들의 기회를 빼앗았다는 찜찜함이 있었다. 다시 말해 20대에 우리 회사에 들어온 직원이 대형 이자카야 체인에서 열심히 일했다면 더 나은 생활을 하지 않았을까 하는 생각이 항상 마음 한구석을 떠나지 않았다.

경영이나 개인 사업을 하는 지인에게 이런 고민을 털어놓으면 "어떤 마음인지는 충분히 이해하지만 제때 월급도 주고 고용 창출도 하잖아. 그만둘 자유도 있는 거니까 '이용한다, 속인다.'라고까지 생각할 필요는 없지 않겠어?" 하고 위로해주었다.

그런 말을 들으면 조금은 마음이 편해지기도 했지만, 역시 회사 상황에 직원들을 끌어들였다는 생각은 사라지지 않았다. 그것은 분명 나 스스로 이용하고 있다는 의식이 있었기 때문일 것이다. 고백하건대 누군가가 그만두겠다는 말을 꺼내 식은땀을 흘릴 때, 머릿속으로는 '이 사람이 그만두면 연간 1억 원의 이익을 잃는다.'고 계산하던 시기도 매우 길었다. 당시에는 사람이 돈으로 보였다.

참회의 마음을 말끔히 씻어내려면 열심히 일하는 직원들에게 보답할 수 있는 회사를 만드는 방법밖에 없었다.

게다가 그 무렵에는 자금난으로 쫓기지도 않았다. 신용금고에서 "급하게 상환하지 않아도 괜찮다."고 말할 정도였다. 지금이라면 '좋은 회사를 만든다.'는 방향으로 경영의 핵심을 바꾸는 일도 가능했다. 모두에게 거짓말을 하지 않아도 되었다.

그리고 그쯤이야 식은 죽 먹기라고 생각했다. 자금난이나 대형은행과의 교섭 등 수많은 어려움을 극복하며 살아남은 지난 세월을 떠올리면 세상에서 흔히 말하는 '좋은 회사'를 만드는 일은 너무도 간단해 보였다.

설령 수월하지 않다고 해도 즐거운 일인 것만은 분명했다.

발전적인 일이므로 그럴 마음만 있다면 반드시 할 수 있다고 생각했다.

혁신을 위한 1,000일 계획

캐치프레이즈를 만든 후에는 그에 걸맞은 중기계획을 수립했다.

'주식회사 유사와, 혁신을 위한 1,000일 계획서 : 나는 이것으로 운명과 인생을 바꾼다.'라고 이름 붙인 계획서에 당시 내가 고를 수 있었던 두 가지 선택지와 의사결정 프로세스를 적어 내려갔다. 나는 복잡한 성격이라 이렇게 하나하나 분석하지 않으면 결단을 못 내린다.

첫 번째 선택지는 '현상 유지로 수익 확보'였다. 지금까지 해온 대로 부채 상환을 우선시하여 연간 15억 원의 속도로 빚을 갚으면 2013년의 잔액은 90억 원이었다. 솔직한 내 심정은 '하루빨리 빚을 청산하여 편해지고 싶다.'였다.

두 번째 선택지는 '변혁 실시와 일시적인 수익 불안정화'였다. 설비나 인재육성에 연간 5억 원을 투자해서 더 이상 큰 문제가 발생하지 않도록 혁신을 시행할 경우, 상환 속도가 늦어지므로 2013년 시점의 예상 부채 잔액은 115억 원이었다.

자, 어떻게 할 것인가. 꽤 오랜 고민 끝에 몇 가지 생각에 이르렀다.

- 현 체제를 유지하면 직원들도 나도 행복해질 수 없다.
- 어느 쪽이 되었든 혁신하지 않으면 사태는 점점 더 나빠질 것이다.
- 수술은 체력이 있을 때 해야 한다.
- 이 일을 운명으로 받아들이고 그 속에서 우리의 희망을 달성하자.

이러한 이유로 역시 사람을 소중히 하는 경영으로 방향을 돌려야겠다고 마음먹었다. 나는 두 번째 선택지를 집어 들었다.

그런데도 변하지 못하다

여기에서 내가 스스로 변화했다면 아주 근사했겠지만 미리 고백하건대 그럼에도 불구하고 나는 변하지 못했다. 한심하게도 아직 변화할 수 없었다.

변함없이 직원들의 월급은 적었고, 쉬는 날도 일주일에 하루 뿐이었으며, 일손이 부족해서 연휴는 한해에 두 번밖에 쓸 수 없었다. 이런 상황에서 직원들이 제대로 된 생활을 하지 못할 것은 불 보듯 뻔했으므로 어떻게든 해주고 싶었지만 아무리 노력해도 '고Go 사인'을 낼 수 없었다. 조금만 더, 조금만 더, 앞으로 1년만 더 이익과 부채 상환을 우선시하고 싶다는 마음을 이겨낼 수 없었다.

자금에는 여유가 있었다. 휴가 역시 마음만 먹으면 불가능한 상황도 아니었고, 무엇보다 나 자신이 편해졌다. 그런데도 할 수 없었다. 아무리 애를 써도 자금난의 공포에서 벗어날 수 없었다. 자금난의 연속이 완전히 트라우마가 되어 있었다.

또 모든 직원을 한데 모으는 자리를 도저히 마련할 수 없었다. 전 직원이 힘을 합쳐 좋은 회사를 만들려면 모두 모아 회동을 해야 했다. 그런데 그렇게 하려면 매장 영업을 쉬어야 하므로 그만큼 매출이 날아갈 것이다. '매출이 줄어서 다시 자금이 부족해지면 어떡하지?' 하는 생각이 머릿속을 떠나지 않았다. 그것이 너무도 불안해서 매출이나 이익이 줄어들 수 있는 일에 관한 한 어떠한 결단도 내릴 수 없었다.

거기에 또 하나, 그때까지 나는 빚을 갚기 위해 목표를 '경상이익 15억 원'으로 정하고 죽을힘을 다해 일했다. 매년 이 목표를 달성하는 게 나의 버팀목이었기 때문에 그 금액에 이르지 못하는 것은 스스로 용납할 수 없었다.

이 시점에 남은 빚은 약 150억 원. 처음과 비교하면 크게 문제 되지 않을 상황이었지만, 그래도 빨리 편해지고 싶다는 마음이 지나치게 강해서 나는 결국 부채 상환을 우선시하는 노선으로 되돌아가고 말았다.

직원들에게 "2년 안에 좋은 회사를 만들겠다. 모두 일하기 좋은 환경을 만들겠다."고 선언했지만 지키지 못했다. 하려고 마음만 먹으면 가능한 일을 하지 않았으니 악질이었다. 나 자신이 실망스러웠다.

사리사욕에 눈이 먼 경영자

때때로 공사를 구분하지 못하는 경영자는 문제가 되곤 한다. 회사 자금으로 멋진 차를 탄다거나, 여성이 접대하는 가게에서 술을 마시고는 회사 경비로 처리한다고 으스대는 사람도 있다.

나는 그런 발상에 위화감이 있었고, 나 자신은 다르다고 여겨왔다. 월급도 가져갈 수 있는데 가져가지 않았고, 개인 시간도 전부 희생하며 일에 매달렸다. 아무에게도 말하지는 않았지만 스스로 좋은 경영자라고 생각했다.

하지만 나 역시 사리사욕이라는 의미에서는 별반 차이가 없었다. 빚을 갚고 싶다, 편해지고 싶다, 이익을 줄이고 싶지 않다, 내 목표를 달성하고 싶다. 그런 주제에 입으로는 번지르르한 말만 늘어놓았으니 오히려 내가 더 악질일지도 모른다고 생각했다.

부채 상환을 우선시함으로써 빚은 점점 더 빨리 줄어들었다. 남은 빚은 100억 원이 되어 있었다. 그러나 마음속은 복잡했다.

예전에는 빚을 다 못 갚으면 어떻게 될까 하는 생각만이 머릿속을 가득 메우고 있었다. 하지만 어느 사이엔가 빚은 점점 줄어드는데 이대로 가면 어떻게 되는 걸까, 빚을 다 갚은 후에는 어떻게 살아야 할까 하는 생각이 들기 시작했다.

나는 무엇을 위해 이러고 있는 걸까.

평생 잊지 못할 베테랑 직원의 한마디

어느 날, 내가 경영자가 된 후에 채용한 H라는 직원이 회사를 그만두겠다고 했다.

10년이 넘는 시간 동안 회사를 다시 일으키는 데 이바지한 직원이었다. 가장 힘든 시기를 함께하며, 제대로 쉬지도 못하는 상황에서도 최선을 다해 일해준 직원이었다.

그런 H가 이렇게 말했다.

"이 회사에서 일하길 정말 잘했다고 생각해요. 정말 알찬 시간이었어요. 회사와 사장님, 누구보다도 손님들께 감사해요. 하지만 저도 이제 마흔이에요. 앞으로 10년을 더 똑같은 일을 반복해야 한다고 생각하니 너무 괴로워요. 그래서 그만두고 싶어요."

이 말에 나는 끈덕지게 그를 설득했다.

"왜 똑같을 거라고 생각해? 늘 말해왔듯이 앞으로 회사는 변할 거야. 근로조건도 바꿔갈 거고. 지금까지 고생했는데 이제 막 좋아지려는 참에 그만두기는 너무 아깝지 않아? 밝은 미래를 생각하면서 다시 한 번 같이 잘해보자."

석 달이 넘도록 만류했지만 H의 결심은 흔들리지 않았다. 마지막으로 둘이서 술자리를 가졌을 때 H가 한 말이 뇌리를 떠나지 않는다.

"사장님은 결코 변하지 않을 거예요. 그래서 앞으로도 똑같을 거라고 생각해요."

그래도 깨끗이 단념하지 못하고 "어떤 말을 해도 마음을 돌리지 않을 거야?" 하고 물었다. 그러자 그는 이렇게 말했다.

"네, 사장님. 아직 감사하다는 마음이 있을 때 그만두게 해 주세요. 사장님은 절대로 변하지 않을 거예요. 다른 직원들도 모두 그렇게 생각하는걸요."

그렇게 H는 떠나갔다. 더는 말하지 않았지만 이 이상 회사에 있으면 나를 원망하게 되리라는 의미였다.

이 말은 묵직했다. 어마어마하게 묵직한 한 방을 맞았다.

중소기업인 동우회에 가입하다

'범인은 사장입니다.'

한 컨설팅 회사의 캐치프레이즈에 이런 말이 있었는데, 정말이지 내가 범인이었다. 내가 유사와의 발목을 붙잡고 좋아지지 못하도록 가로막고 있었다.

경영자가 변하지 않으면 회사는 달라지지 않는다. 다만 멘토가 없었던 나는 혼자 힘으로 정말 변할 수 있을지 불안했다.

그래서 중소기업인 동우회에 가입했다. 이 단체는 '인간 존

중 경영'을 표방하며, 좋은 경영자가 되어 좋은 회사와 좋은 경영 환경을 만들자는 목적으로 경영자들이 모여 공부하는 모임이다. 가나가와 현의 회원사는 대략 700곳, 전국적으로는 약 4만 3,000개 기업으로 구성된 경영단체였다.

그때까지 나는 이 단체가 내세우는 이념을 허울뿐이라고 여기며, 의식적으로 가까이하지 않았다. 직원들의 행복이나 이념 경영, 사회공헌 같은 부분을 생각하기 시작하면 빚을 갚을 수 없다고 믿었기 때문이다.

옛날에는 컨설턴트와 자주 말다툼을 했다. 컨설턴트가 이념의 중요성을 설명할 때도 그랬는데, 불가능한 이야기를 듣는 게 지나치리만큼 싫었다. 그들에게 "솔직히 말해서 우리 회사에 이념 같은 건 없소. 그럼 당신이 한번 해보쇼, 나 대신에!" 하며 쫓아낸 일도 있었다. 쥐구멍에라도 숨고 싶은 심정이다.

그러나 이번에는 누군가에게 이끌려서가 아니라 내가 직접 연락해서 중소기업인 동우회에 참가했다. 변하려면 동료가 필요하다고 생각했다. 붉은빛을 가까이 하면 반드시 붉어진다고 하지 않는가.

회원들과 나눈 대화는 신선했다.

"유자와 씨는 무엇을 위해 경영하나요?"

어느 회사 사장의 질문에 나는 곧장 대답할 수 없었다.

"지금까지는 빚을 갚기 위해 했습니다."

"그렇다면 그 회사 직원들은 당신 빚을 갚기 위해 일하는 건가요?"

끽소리도 하지 못했다.

"유자와 씨는 대체 무엇을 위해 일하는 거죠?"

듣고 보니 내가 무엇을 위해 일하는지 진지하게 생각해본 적이 없었다. 애초에 회사가 무엇을 위해 존재하는지 생각한 일 자체가 없었음을 깨달았다. 어느 날 갑자기 영문도 모른 채 상황에 휘말려서 울며 겨자 먹기로 회사를 물려받았고, 그 후에는 빚을 갚으려고 쉼 없이 달려왔을 뿐이었다.

그렇기는 하다고 하지만, 몇 번씩이나 그런 질문을 받으니 화가 치밀어 올랐다. 그러는 댁네 회사는 이익이 얼마나 되는데? 나보다 빚이 많을 것 같아? 그렇게 소리치고 싶었다.

그러자 그 사장은 내 모습을 눈여겨보더니 이렇게 말했다.

"유자와 씨는 누구의 말에도 반박할 수 있을 겁니다. 하지만 유자와 씨 본인은, 자기 자신을 논파할 수 없을 것입니다."

그 사람 말이 맞았다. 그 사장의 말에 부아가 머리 꼭대기까지 치밀어올랐지만, 틀린 말은 아니었다. 정곡을 찌르는 말이었다.

이제까지 나는 '어떻게 경영할지' 결정한 바를 철저히 실행에 옮기며 수익을 올려왔다. 그러나 '무엇을 위해 경영할지'는 제대로 생각해본 적이 없었다.

그때부터는 늘 '무엇을 위해 경영하는가?'를 생각하게 되었다. 직원들에게도 새삼 미안한 마음이 들었다. 내 빚을 갚는 데 휘말렸으니 문제행동을 일으키는 것도 당연한 일이지 싶었다.

그리고 이렇게도 생각했다.

'내 인생은 무엇일까?'

매년 경상이익 15억 원을 달성하는 게 내 인생의 목적일까? 그건 조금 이상하지 않은가?

묘한 자존심이 발동해서 지금까지 해온 일을 부정하고 싶지 않았지만, 머릿속을 백지상태로 만들어 생각해보기로 했다.

빚도, 제약 조건도, 의무감도, 그 어떤 것도 없다면 나는 대체 무엇을 위해 경영하는가?

그런 식으로 생각하여 비로소 얻은 대답은 역시 '모두와 함께 성장해서 행복해지고 싶다.'였다. 또 하나는 '이 지역에서 필요로 하는 존재가 되고 싶다.'였다.

그리고 마침내 현재의 경영이념에 이르렀다.

주식회사 유사와 경영이념
사람이 빛나고, 지역을 밝히며, 행복을 퍼뜨린다.

사람이 빛나다

'사람이 빛나다'란 함께 일하는 동료들이 물질적, 정신적으로 풍요로워지고 행복해지는 것을 뜻한다.

우선은 월급이나 근무조건을 개선하는 게 필수 불가결하다. 이를 실현하기 위해 생산성을 향상하고자 부단히 노력하고 있다. 하지만 물질적인 풍요만으로는 부족하고, 정신적인 풍요도 동시에 실현해야 진정한 행복을 얻을 수 있다고 생각한다.

정신적인 풍요란 일을 통해 성장하면서 사회에 공헌하고 있다는 보람을 느끼는 것이라 생각한다. 이 점에서는 중소기업이 월등히 유리하다.

중소기업에서는 대기업에 비해 한 사람 한 사람의 역할이 크다. 그 한 사람이 없으면 회사가 돌아가지 않는 경우도 많다. 한 사람이 회사에 필요한 존재이며 그 회사가 지역에 공헌하는 존재라면, 그곳에서 일하는 직원도 자부심을 갖게 된다. 규모가 작기에 더더욱 직원 한 명 한 명이 성취감과 자긍심을 느끼며 일할 가능성이 크다.

이자카야에서 직원으로 일하면 안타깝게도 조금 하찮은 직업이라고 느끼는 경향이 있다. 예전에는 "이자카야 점장으로 썩고 있어요."라든가 "변변찮은 이자카야에서 점장으로 일해요."라는 식으로 말하는 직원도 많았다. 제조업 등과 비교하면 꼭 필요하지 않고, 없어도 그만인 업계라고 여기기도 한다.

　하지만 전혀 그렇지 않다. 실제로는 정말로 손님을 행복하게 만드는 꼭 필요한 일이다.

　퇴근길에 이자카야에 들러 "아무개 부장이 한 그 일은 진짜 어이없었다니까!" "그건 당연히 개발부가 할 일이지, 안 그래?"와 같은 푸념을 한다. 몇 년이 지나도 같은 사람들이 비슷한 대화를 주고받는다. 다들 술집에서 먹고 마시고 떠들며 내일을 위해 충전하는 것이다. 우리는 그 장소를 제공하고 도움을 준다.

　"이자카야가 있기에 몇십 년씩 일할 수 있는 거다."라고 말한 사람도 있었는데, 지나친 과장만은 아니라고 생각한다. 그들에게 우리는 반드시 필요한 존재이다. 우리 직원들도 그런 장소를 만들면서 성장하고, 자부심을 느끼며 살아갔으면 좋겠다.

　일을 통해 자기 자신을 성장시키고, 사회에 필요한 존재라는 긍지를 갖고 살아간다. 함께 배우고, 함께 성장하며, 자부심이 넘치는 풍요로운 삶을 가꿔나간다. 그것이야말로 사람이 빛나는 것이라고 믿는다.

중소기업은 '대기업이 되지 못한 회사'가 아니다

'지역을 밝히다.'는 중소기업의 자세는 어떠해야 하는가를 생각하다가 나온 답이었다.

중소기업은 '대기업이 되지 못한 회사'가 아니다. '대기업이 되기 전 단계에 있는 힘없는 회사'도 아니다. 나는 사회의 한 모퉁이를 밝히는 것이 중소기업의 역할이라고 생각한다.

'특정 분야로 특화해간다.'고 바꿔 말해도 좋다. 작은 시장에서 특정 분야로 특화한 기업은 강하다. 대기업이 그런 틈새시장을 노릴 때는 자회사나 사업부 형태를 취하는데, 그 시장에 사활을 거는 중소기업은 파고들어 분석하고 연구하는 차원이 다르다. 나는 이 부분에서 중소기업 경영자의 역할을 찾아내야겠다고 생각했다.

이자카야 경영에 이것을 적용하면 다음과 같다.

- 대형 체인이 크게 매력을 느끼지 못하는 지역에 철저히 밀착한다.

- 대형 체인에서 흉내 낼 수 없는 세밀하고 신속한 식자재 구매를 실시한다.
- 대형 체인에서는 하기 힘든 '모든 매장에 요리 기술자 배치'를 실행한다.

이런 부분을 실현함으로써 웃음이 넘쳐나는 식사 공간을 만들고, 지역에 기쁨과 활력을 가져올 수 있는 것이다.

우리는 매장 수가 십여 개밖에 안 되므로 각 매장에 기술을 가진 주방장을 배치할 수 있다. 그 점을 적극 활용해 식자재 구매 상황이나 계절에 맞춰 최적의 조리를 하여 더 좋은 음식을 손님에게 제공하고자 노력하고 있다. 매장이 수백 개나 되는 대형 체인에서는 이렇게 하기 힘들다. 내 경험상으로 보자면 그렇게 많은 조리 기술자를 확보하고 관리하기란 정말 어려운 일이다. 하지만 우리는 직원 한 사람 한 사람과 직접 소통할 수 있는 규모라서 이 점도 대형 체인보다 유리하다.

식자재 구매 면에서도 작은 규모와 지역밀착은 유리하게 작용한다.

유사와는 가나가와 현에서 손꼽히는 어항인 미사키 항, 나가이 항에 있는 어시장의 매수권을 갖고 있다. 매수권이란 간단히 말하면 산지 어시장에서 직접 경매에 참여할 수 있는 권리다. 보통 생선은 '어부 → 산지 시장 → 중앙도매시장 → 중간도매상 → 생선 가게 → 음식점'이라는 경로를 밟아 매장에 도착한다. 그 유통경로를 건너뛰고 직접 산지 시장에서 사들일 수 있는 것이 매수권이다. 유사와는 미사키와 나가이의 어시장에서 직접 경매에 참여해 생선을 구입할 수 있다. 이로써 고객에게 신선한 생선을 더 저렴하게 제공할 수 있는 것이다.

어항에서 직접 구매하므로 유통 단계가 줄어드는 만큼 더 싸게 살 수 있다. 생선 종류에 따라서는 깜짝 놀랄 만큼 값싸게 구입할 수 있다. 다만 크기나 종류 등은 제각각이다. 이 때문에 조리 면에서는 어려워지고 부담이 된다. 하지만 유사와에서는 그것을 각 매장에 상주하는 주방장이 최적의 상품으로 만들 수 있다.

가격도 가격이지만, 중요한 것은 신선도다. 일반적인 유통경로로는 생선이 어부에게서 음식점에 도달하기까지 사나흘이 걸린다. 그런데 우리 매장은 당일 아침에 잡은 것을 그날 밤, 늦어도 다음날에는 제공할 수 있다. 유사와의 매장이 가나가와 현 동부에 집중해 있고, 하루 만에 배송할 수 있는 자사 물류 시스템을 갖췄기 때문이다.

이것도 대형 체인에서는 하기 어렵다. 우선 수백 개 매장의 규모라면 쓰키지 어시장* 같은 중앙도매시장에 의존하지 않는 한 전체 매장분의 생선을 조달할 수 없다. 지방 어항에 있는 시장만으로는 양이 부족한 것이다. 게다가 모든 매장에 그날 안에 배송하기 위해서는 엄청나게 많은 비용이 든다. 그리고 각 매장에서 그때그때 상황에 맞춰 유연성 있게 조리하기 위해 전 매장에 요리 기술자를 배치하기도 어렵다.

이 구조의 열쇠가 되는 매수권을 취득하기까지는 꽤나 고생했다. 처음에 어항 사람들은 상대도 해주지 않았다. 실제로 매수권을 얻기까지는 2년 정도의 시간이 걸렸다.

무작정 어업조합 사람에게 연락했더니 "응, 알았어, 알았어. 그럼 한번 와서 얘기나 해봐. (미사키 어항에서) 아침 여섯 시에 보지."라고 말하기에, 이건 혹시 악질적인 장난인가 싶었다.

물론 그들은 악질적인 장난을 친 게 아니라, 배가 들어와서 하역 작업이 끝난 여섯 시가 한가하니까 그 시간에 나를 부른 것이었다. 물론 나로서도 네 시 반에 일어나서 액셀러레이터를 밟으면 여섯 시에는 미사키 어항에 도착할 수 있었지만, 처음에는 무서워서 벌벌 떨렸다.

* 일본 최대 수산시장

좌우지간 혼자서 어항으로 갔다. 권리를 받기 위한 교섭이라서 비즈니스 모드로 나갔는데 그게 실수였다.

처음에는 정장 차림으로 갔는데 시장에서 장화로 갈아 신으라고 해서 장화 위로 바짓가랑이를 꺼내 두었다가 혼쭐이 났다. 옷자락은 장화 속에 넣는다는 시장의 상식조차 몰랐던 것이다.

게다가 이런 식으로 말했다.

"중앙시장에 도매로 넘기면 얼마를 받으시나요?"

"예를 들어, 저희가 남은 물건만 사서 이 금액으로 이렇게 하는 건 어떠신가요?"

"이렇게 하고 저렇게 해서 요렇게 하면 윈-윈win-win이지 않을까요?"

그러니 잘 될 턱이 없었다.

나는 머리를 싸쥐고 고민한 끝에, 이번에는 "부탁이니 제발 팔아주세요." 같은 읍소 작전으로 접근 방식을 바꿨다.

그 무렵에 때마침 어항에 인맥이 있는 직원이 입사했다. 들어오자마자 "자네한테 부탁 좀 할게." 하며 통사정을 했더니 "그러죠, 뭐." 하고 선뜻 응해주어서 순식간에 일이 해결되었다. 나 혼자서 1년 넘게 걸려 간신히 읍소 작전이라는 방향성을 깨달은 참이었는데, 그 직원은 눈 깜짝할 사이에 타결을 짓고 왔다. 지역에 뿌리를 내린 회사에서는 그 고장 출신 직원도 활약해준다.

지금은 어항뿐 아니라 채소 농가와도 이야기해서 직접 채소를 구입한다. 매장에서는 신선한 현지 채소를 제공할 수 있고, 농가 측에서도 안정적인 공급처가 생겼다며 기뻐한다.

우리는 규모가 작기 때문에 식재료를 구입할 때도 상황 변화에 맞춰 발 빠르게 대처할 수 있다. 더 좋은 재료를 더 싸고 신선한 상태로 매장에 보낼 수 있다. 그리고 각 매장에서는 주방장이 식자재에 맞게 요리하고, 그 결과 지역 손님에게 압도적인 상품 가치를 제공한다.

이것이야말로 특정 분야에 특화하여 사회의 한 모퉁이를 밝혀 가자는 우리의 이념인 '지역을 밝힌다.'의 실현으로 이어진다고 믿으며 매진하고 있다.

이런 생각에 다다르게 된 계기는 어떤 고객과의 에피소드였다. 매장 하나를 정리하기로 결정했을 때, 고객에게서 이런 취지의 편지를 받았다.

「우리는 연금 생활을 하는 노부부입니다. 연금 지급일에 당신네 가게에서 식사하는 게 우리의 사는 낙이에요. 우리는 크게 사치할 수 없어요. 당신네 가게는 가격도 저렴하고, 생선도 신선한 데다 맛있어서 우리의 즐거움이었죠. 그런데 폐점한다는 이야기를 들었어요. 점원에게 물어보니 적자는 아니라고 했고, 우리가 보기에도 장사가 꽤 잘되는 듯한데 왜 폐점하려고 하나요? 부디 재고해주었으면 합니다. 노부부의 작은 행복을 빼앗지 말아주세요.」

그 매장은 작은 역 앞에 있었다. 역 이용객 수가 1만 명 정도라서 일단 대형 체인은 매장을 내지 않을 만한 입지였다. 분명 적자는 아니었지만 효율성이 떨어졌고, 축소 균형 전략의 일환으로 폐점을 결정한 것이었다.

이 편지를 읽었을 때 어렴풋이나마 우리의 역할과 존재의식을 깨닫게 되었다. 심사숙고 끝에 폐점을 결단했던 터라 미안하게 여기면서도 결정을 철회하지는 않았다. 하지만 이 편지는 나에게 우리 회사의 역할을 가르쳐주었다. 그리고 그것은 유사와가 내세우는 이념의 바탕이 되었다.

2020년 유사와 비전

그런 마음을 담은 이념을 '2020년 유사와 비전'이라는 형태로 직원들에게 설명했다.

  2015년 2월 23일, 드디어 염원해 마지않던, 전 직원을 한 자리에 모은 경영계획 발표회를 개최한 것이다.

  처음으로 전 매장의 영업을 쉬고 정직원 67명 모두를 한자리에 모았다. 회사 역사상 전 직원이 한자리에 모이는 일은 처음이었다. '매출 우선', '이익 우선'인 사장이 전 매장의 영업을 쉬다니, 도대체 무슨 일인가 싶어서 직원들도 이상하게 여겼을 것이다.

  "동일본 대지진 때 전기가 끊겼는데도 매장문을 닫지 않았던 사장님이 대체 무슨 일이래?" 하는 소리도 들려왔다.

  나는 모임을 시작하자마자 곧바로 경영이념에 대한 내 생각을 직원들에게 전했다. '다 함께 빛나다.' '지역을 밝히다.'란 어떤 의미인지, 천천히 이야기하기 시작했다.

  직원 중에는 책상에 오래 앉아 있는 것을 불편해하는 사람도 많았다. 그리고 갑자기 새삼스레 경영이념에 관해 열정적으로 말해봤자 안 통한다고들 생각해서 회의 분위기가 어색해질 가능성도 있었지만, 그래도 상관없다고 생각했다. 나 스스로 한 발짝 앞으로 나아가기 위한 결의 표명이었기 때문이다.

  혹시 반응이 안 좋으면 다음부터는 호화경품을 준비해서 왁자지껄하게 빙고 게임이라고 해볼까, 하는 실없는 생각도 하고 있었다.

그런데 모두 진지했다. 놀라우리만치 조용히, 꼼짝 않고 나를 바라보며 내 이야기에 귀를 기울여주었다. 빙고 게임은 전혀 필요 없을 듯했다. 너무 늦게 깨닫기는 했지만, 사실은 다들 사장의 이런 말을 기다려 왔구나 싶었다.

발표회 후반에는 처음으로 장기 근속자 표창도 했다. 20년 이상 근속자 네 명을 표창했다. 단상에 올라와 표창을 받는 그들의 눈에서는 눈물이 반짝이고 있었다. 한 직원은 "이렇게 표창을 받는 날이 오리라고는 꿈에도 생각하지 않았다."고 말했다. 진심으로 기뻐하는 듯했다.

왜 좀 더 빨리 하지 못했을까.

나는 그들의 모습을 보며 모든 직원과 함께 반드시 좋은 회사를 만들겠다고 결의를 다졌다.

불안과 공포에서 설렘으로

사장으로서 운영하는 방식도 조금씩 변해갔다.

나는 빚에 대한 압박 때문에 직원들의 일거수일투족에 일일이 참견하며 관리하는 마이크로 매니지먼트를 실천하고 있었다. 벼랑 끝에 내몰려 사소한 실수도 용납되지 않는 상황이니

별수 없는 일이라고 정당화해왔다.

하지만 그 결과 스스로 생각하지 않는 직원이 많이 양성되고 말았다. 관리직 직원들은 고객이나 직원이 아니라 사장인 나만을 보며 행동하는 경우가 많았다. 빚 문제에서 숨통이 트이기 시작하면서부터는 가능한 한 자주적으로 행동할 수 있도록 환경을 정비해갔다. 하지만 오랫동안 몸에 밴 방식은 그리 간단히 바뀌지 않는다.

그런데 그런 직원들 마음의 도화선에 불이 붙은 때가 있었다.

신상품 개발에 진전이 없던 시기였다. 나는 잔소리를 늘어놓으며 세세히 지시를 내렸지만 전혀 진척이 보이지 않았다. 그리고 일하는 직원들도 시켜서 억지로 한다는 분위기가 팽배해서 즐거워 보이지 않았다. 그래서 상품개발을 담당하는 직원 몇 명과 도쿄에 있는 대박 매장으로 시찰을 갔다.

손님이 끊이지 않는 해산물 이자카야에서 월등히 뛰어난 요리를 보고 자극을 받은 직원들은 스스로 생각하며 움직이기 시작했다. 마음의 도화선에 불이 붙은 것이 훤히 보였다. 불이 붙은 이유는 목표로 하는 이미지를 구체화했기 때문이었다.

넘쳐나는 손님에 맛있고 강력한 요리, 그것을 직접 보고 느끼며 자신이 무엇을 해야 할지, 무엇을 지향해야 할지 구체적으로 이미지가 잡히자, 그들 스스로 가슴 설레며 행동하기 시작했다.

놀라웠다. 그리고 이 설렘이야말로 사람을 움직이게 하는 원동력이라고 생각했다. 설렘을 가지려면 지향하는 모습이나 도착점을 시각적인 이미지와 함께 구체적이고 사실적으로 볼 필요가 있다는 사실을 깨달았다.

그러려면 내가 이러쿵저러쿵 세세한 부분까지 말할 게 아니라 장사가 잘되는 매장을 둘러보는 등의 '이미지화'를 지원하는 게 사실은 직원들이 전력을 기울이게 하는 지름길이다. 사람은 즐기면서 스스로 생각하여 행동할 때 큰 힘을 발휘한다. 사람의 마음을 움직이는 것은 가슴 뛰게 하는 비전이다.

빚으로 인한 불안과 공포를 원동력 삼아 일해왔던 나로서는 좀처럼 쉽지 않은 일이었지만, 나도 직원들도 설렘을 느낄 수 있는 방법을 고심하며 업무에 임한 다음부터는 회사 분위기도 조금씩 좋아졌다.

시행착오를 겪던 시기에 반복한 대박 매장 시찰의 성과는 대학노트 30권을 빽빽이 메운 분량이 되었다. 매장 직원의 허락을 받아 찍은 메뉴나 매장 사진 속에는 얼굴이 발그스름한 나와 직원들의 사진이 뒤섞여 있다. 언뜻 보면 일상의 노곤함을 달래고자 한 잔 걸치러 온 상사와 부하직원의 모습이다.

몇 년 전에는 이런 날이 오리라고 상상조차 하지 못했다.

아침이 오지 않는 밤은 없다

2015년 5월, 16년 전에 내 인생을 밑바닥으로 떨어뜨린 400억 원의 빚은 이제 20억 원이 남았다. 건물 매각, 예금 상계 등의 자산 처분으로 120억 원을 갚고, 16년간 영업하며 꾸준히 만들어낸 이익으로 255억 원을 갚았다. 완납도 머지않았다.

나도 최근에 들어서야 드디어 책을 읽거나 영화를 볼 만큼 마음의 여유를 되찾았다. 일기예보에 와들와들 떠는 일도 없어졌다. 오랜 세월 동안 무언가 배우러 다니기를 자제했던 아내가 즐겁게 외출하는 모습을 보며 '아아, 평범한 생활이 되돌아왔구나.' 하고 느낀다.

요즘에는 아내와 똑같은 이야기를 몇 번이고 반복해서 이야기한다.

"믿기지가 않아. 어떻게 여기까지 올 수 있었을까?"

지난 16년 동안, 내가 예전에 목표로 삼았던 회사나 매장이 많이 사라졌다. 조언을 구하려고 직접 찾아갔던 곳 중에는 이제 존재하지 않는 회사도 있다.

그런데 그렇게 빚이 많고 열악한 조건 투성이었던 유사와는 그럭저럭 살아남아 지금까지 이어지고 있다. 그 점이 믿기지가 않았다.

나는 정말로 운이 좋았다고 생각한다. 한계에 다다라서 이제

글렀다고 단념했던 일이 몇 번이나 있었는데도, 그때마다 어떻게든 극복할 수 있었으니까.

덕분에 어떤 상황에서도 포기하지만 않는다면 반드시 어떻게든 된다는 신념도 얻게 되었다. 아침이 오지 않는 밤은 없는 것이다.

가슴에 사무치는 말, 고마워요

여전히 매일매일 두더지 잡기처럼 문제가 발생하지만, 고민하고 망설이면서 한 걸음씩 앞으로 나아가고 있다.

아버지 회사를 물려받고 싶지 않다는 일념으로 줄곧 요식업으로부터 도망만 치던 나였지만, 꼼짝없이 회사를 이어받아 경영하는 동안 중요한 사실을 깨달았다. 요식업이란 참으로 멋진 일이라는 점이다.

대기업을 떠날 때, 나는 작은 톱니바퀴 중 하나에 불과했다는 사실을 깨닫고 큰 상처를 받았다. 그런데 대기업에는 얼마든지 대신할 인재가 있지만 중소기업은 그렇지 못하다. 관리직 직원 한 명이 그만두는 것만으로도 회사가 발칵 뒤집힌다. 하물며 경영자는 모든 일에 막중한 책임이 있다. 거꾸로 생각하면 이렇게 보람 있는 일도 없다.

"만일 시간을 되돌릴 수 있다면 아버지 회사를 물려받겠습니까?"

이런 질문을 많이 받는데, 그 대답은 빚만 없다면 단연코 예스다. 솔직히 빚만은 여전히 지긋지긋하다. 하지만 빚이 없다면 해외를 넘나드는 멋진 샐러리맨 생활보다도 지금의 일을 선택하겠다.

음식점을 경영하면, 변두리에 있는 매장이든, 지방에 있는 매장이든 직접적으로 손님이 필요로 하고, 자신의 존재가 사회에 조금이라도 영향을 미친다는 점을 실감할 수 있다. 물론 대기업에서 일하더라도 그런 느낌을 받겠지만, 적어도 나는 '내가 사회에 공헌하고 있다.'는 실감은 없었다.

이런 부분은 우리 직원들에게도 이야기해준다. "대기업이 부럽다고? 그럴 필요 전혀 없어. 자신을 비하하지 마. 너희는 지역에 필요한 존재들이야."라고.

내가 이자카야를 경영하면서 가장 놀랐던 것은 무엇보다도 손님에게 감사받는 일이 많다는 점이었다. 손님이 매장까지 찾아와서 당연히 할 일을 당연하게 하고 있을 뿐인데도 "고마워요!"라고 말해주는 것이다.

손님들은 모두 매장에서 즐거워한다. 상사 험담을 하거나 일에 관한 불평을 늘어놓는 회사원의 모습도 일상적인 풍경이지만, 그렇다 해도 스트레스 발산의 장이 되어주니 싫은 장소는 아닐 터이다.

이토록 직접적으로 고객이 기뻐하는 모습을 보며, 이렇게 감사받는 일이 또 있을까 하고 진심으로 생각한다.

요식업계에서 오래 일한 사람은 당연하게 여길지도 모르지만, 영업이나 내근 업무가 많았던 나에게는 정말 신선한 충격이었다. 맥주 영업을 하던 시절에는 고객을 방문하여 우리 제품을 파는 게 기본이었다. 문전박대도 당연한 일이었다. 감사는 물건을 판 내 몫이었다. 내근 업무를 볼 때는 계열사의 계획을 입안하거나 각 부서와 교섭을 진행하는 등 사내 합의 업무가 많았다. 고객과는 접점이 거의 없었다.

그래서 나는 고객이 해주는 말 한마디 한마디가 그냥 단순하게 기뻤다.

"즐거웠어요!"
"맛있었어요!"
"고마워요!"

일로써 사회에 공헌한다고 말하면 경계 태세를 취하는 경우가 많은데, 그 기본은 이런 게 아닐까? 나는 직원들에게 그것이 요식업의 매력이라고 늘 이야기하곤 한다.

내 사무실은 4층짜리 건물의 4층에 있고, 1층에서 3층까지는 우리 회사가 운영하는 이자카야다. 주말이면 모든 층이 만석이 되어 150여 명의 손님으로 가득 들어찬다. 사무실에서 일을 마치고 계단을 내려가면, 각 층마다 손님들의 웃음소리가 새어 나온다. 나는 그 유쾌한 웅성거림을 듣는 게 가장 좋다. 이자카야 경영을 물려받아서 다행이라고 진심으로 생각하게 되는 순간이다.

사람의 힘으로 결과가 크게 달라진다는 점도 요식업의 특징이고 멋진 부분이다. 사람의 마음이 담기면 단숨에 좋은 매장이 된다. 매장의 성장이란 그곳에서 일하는 사람의 성장인 것이다. 직원의 성장이 매출과 직결한다는 점도 이자카야 경영의 보람이고, 또 어려움이기도 하다.

직원들을 진심으로 꾸짖을 수 있게 되다

16년 전 나의 가장 큰 고민거리는 자금난과 문제 직원 관리였다. 그런데 지금의 과제는 좋은 회사를 만들어 직원들과 함

께 행복해지는 것으로 바뀌었다.

빚을 갚느라 허덕였을 때 나는 직원들을 이런 회사에 휘말리게 해서 미안하다고 생각했지만, 이제는 그들의 꿈을 응원해 줄 만큼의 여력이 생겼다.

실제로 지금의 회사는 그들이 "독립해서 꿈꿔왔던 매장을 만들고 싶다."고 말하면 매장을 싸게 넘겨서 "잘 운영해 봐." 하고 말할 수 있는 환경이다. 열정이 있는 사람의 꿈은 이뤄주고 싶다.

다만 그 반증으로 사내에서 어떤 일이 벌어졌는가 하면, 내가 직원들에게 무척 엄격해졌다.

옛날에는 그만두면 큰일이라서 혼내기도 주저했지만, 지금은 그들을 진심으로 대하는 마음에 더해 경영에도 여유가 생기다 보니 할 말은 거침없이 한다. "이걸 하고 싶다는 사람이 왜 그렇게 일을 엉성하게 해!" 하며 예전보다 거세게 질책할 수 있게 되었다.

직원들에게 맡겨두지 못한다는 점도 내가 반성하고 있는 부분 가운데 하나이다. 조직을 만들지 않고 내가 선두 지휘했던 일대일 관리는 지금 돌이켜보면 뒤통수를 맞는 느낌이다. 이렇게 해서는 영원히 사람이 성장하지 않는다.

그런 생각으로 몇 년 전부터는 나대신 젊은 직원들을 외부

연수 등에 참가하게 하고 있다. 그런데 며칠 전 한 모임에 참석하여 젊은 이자카야 경영자들을 만나고 온 직원이 눈빛이 달라져서 돌아왔다.

"지고 싶지 않아요."

"비슷한 나이인데도 그 경영자들과 나 사이에는 엄청난 차이가 있었어요. '네가 아무리 이런저런 말을 해봤자 결국 고용된 몸이잖아?'라는 지적도 하더군요. 분했어요. 절대 지고 싶지 않아요."

그 직원의 모습을 보며 나도 가슴이 뜨거워졌다. 여태껏 그래 왔듯 내가 연수에 참석하여 그 내용을 간접적으로 전해주는 게 아니라 직원이 직접 체험하게 하는 효과, 그리고 업계에서 자신의 위치나 능력이 어느 정도인지 몸소 확인하고 왔을 때의 에너지가 얼마나 막대한지를 재확인했다.

앞으로는 직원들에게 과감히 맡겨둘 수 있게 되는 게 나에게 남은 과제다. 그것이 가능해졌을 때 내 역할이 완수되며, 내 꿈은 이루어지게 될 것이다.

회사에는 여전히 끊임없이 문제가 발생하고 있고, 가슴을 활짝 펴고 좋은 회사라 말할 수 있는 수준이 되려면 아직도 멀었다. 정말로 거기까지 도달할 수 있을지 불안할 때도 있다. 하지만 나는 반드시 목표로 하는 모습에 다다를 수 있으리라 확신한다. 포기하지만 않는다면 반드시 길은 개척할 수 있다.

아침이 오지 않는 밤은 없다.

에필로그

중소기업 경영자로서 살아간다는 것

그날, 나는 몇 가지 문제가 터져서 아침부터 한껏 짜증이 나 있었다. 직원의 갑작스러운 결근과 설비 고장 등 골치 아픈 일이 겹쳤다.

전화기에 대고 반쯤 고함을 질러대면서 지시하고 있을 때, 목에서 등줄기를 타고 날카로운 통증이 스쳤다. 그대로 목과 등을 움직일 수 없게 된 나는 정형외과를 찾았다.

병원은 무척 붐볐다. 혼잡함만으로도 너더리가 난 나는 빈자리를 발견하고 뚱한 표정으로 앉아 있었다. 진찰받을 때까지 꽤 오래 기다려야 할 듯했다.

그때 휠체어를 탄 할머니가 조금 떨어진 장소에서 이쪽을 보고 있는 느낌이 들었다. 나를 보고는 곁에서 시중드는 사람에게 계속해서 뭐라고 말을 하면 그 사람이 '그러지 말라.'며 만류하는 듯했다. 내게 말을 걸려는 것을 말리는 모양새였다.

'뭐지?' 싶으면서도 통증이 심해서 귀찮다고 생각하며 시선을 돌렸다.

그런데 결국 그 할머니가 시중드는 사람의 제지를 뿌리치고 내 곁으로 다가왔다. 그리고 이렇게 한마디를 건넸다.

"사장님, 맞죠?"

뜻밖의 말에 놀라서 그분의 얼굴을 자세히 보니, 전에 우리 매장에서 시간제 직원으로 일했던 K씨였다.

"K씨죠? H점에서 일했던….."

"맞아요! K예요. 기억하고 계시다니, 정말 기쁘네요. H점에서 아침 청소랑 점심 장사 준비하는 일을 했던 K예요!"

K씨의 얼굴에 미소가 번졌다. 미안한 일이지만, 보통은 각 매장에서 청소시간이나 점심시간에 파트타임으로 일하는 직원은 얼굴과 이름을 기억하지 못하는 경우가 많다. 하지만 K씨는 내가 회사를 물려받기 전부터 일했고, 처음 만난 시점에 이미 일흔이 넘은 나이여서 인상이 강하게 남아 있었다.

여러 해 전에 퇴직했는데, 그때는 이미 여든이 넘은 나이였을 것이다. K씨는 지금은 요양시설에서 생활하고 있으며, 오늘은 직원의 도움을 받아 치료받으러 왔다고 했다.

K씨는 둑이 터진 듯 말을 쏟아내기 시작했다.

"○○주방장은 지금 어디에서 일해요? ○○점장은 어떻게 지내나요?"

"그 매장에서는 이런 일도 있었고, 저런 일도 있었어요. 그 단골손님은 잘 지내시나요?"

이야기가 끊이지 않았다. K씨와 큰 목소리로 즐겁게 이야기하다 보니, 주변 환자들이 모두 우리를 보고 있었다. 하지만 나는 신경 쓰이지 않았다. 돌아갈 때 K씨가 이렇게 말했다.

"그때는 참 즐거웠는데…. 사장님, 기억해주셔서 고마워요."

그리고 병원 출구에서 휠체어를 멈춘 후 다시 한 번 나를 돌아보며 고개 숙여 인사하고는 아쉽다는 듯 돌아갔다. 나는 짜증도 통증도 잊고 있었다.

'정말이지 이루 말할 수 없이 고생스럽긴 하지만, 중소기업 사장이라는 직업도 나쁘지는 않군.'

나는 K씨를 배웅하며 이렇게 생각했다.

에필로그

맺음말

내 왼쪽 손목에는 어울리지 않는 화려한 시계가 채워져 있다. 순금으로 된 롤렉스다.

사실 내 취향도 아니고 막대한 빚을 떠안은 남자에게 어울리는 시계도 아니다. 사람들의 시선을 느끼거나 "앗, 롤렉스잖아!"라는 말을 들을 때마다 얼굴이 새빨개지곤 한다. 그래도 시계를 차지 말아야겠다고 생각한 적은 없다. 아버지가 돌아가시는 순간에도 팔목에 두르고 있던 유품이기 때문이다.

갑작스럽게 세상을 뜨시는 바람에 사업을 물려받아 고생이 이만저만 아니라는 둥 멘토가 없어서 힘들다는 둥 투덜대면서도 나는 아버지에게 용기를 얻었다. 덩치에는 어울리지 않지만 궁지에 몰리면 정말로 시계를 만지작거리며 힘을 얻곤 했다.

서른여섯 살의 어느 날, 나는 물려받은 400억 원이라는 빚에 압도되어 이로써 내 인생은 끝났다고 생각했다. 매일매일 끊임없이 발생하는 문제에 휘둘리며 두 번 다시 웃을 일은 없는 인생이라고 절망했다. 400억 원이라는 빚을 다 갚을 수 있을 것이라고는 꿈에서도 생각지 못했다.

  다 갚을 수 있을지도 모른다고 긍정적으로 생각하려 해도, 불가능한 일을 상상하는 게 괴로워서 그러지 못했다. 그 금액은 당시의 나와 회사에 그 정도로 무거운 짐이었다.

  그런데 16년이 지난 지금, 빚은 거의 없어졌다. 믿기지 않는 일이다. 꿈쩍도 하지 않으리라 여겼던 거대한 바위가 그저 열심히 조금씩 할 수 있는 일을 했더니 깎이고 깎여 마침내 사라져 없어졌다.

  지금까지의 여정은 진흙투성이로 밑바닥에서 한 발짝 한 발짝 기어오르는 듯한 나날이었고, 매우 고통스러웠다. 계속 회사원으로 살았더라면 이런 고초를 겪을 일은 없었을 것이다.

  나는 엄청난 경험 끝에 사람들의 고통을 조금은 알게 되었다. 거액의 빚을 떠안은 사회적 약자가 되지 않았더라면 내가 변하는 일은 없었을 것이다. 잘나가는 회사원 시절에는 오만하고 자기중심적이었다. 나는 뭐든지 할 수 있다, 못 하는 사람은 자기 자신의 문제이고 자기 자신의 책임이다. 그렇게 큰소리치고 다녔다.

갑작스럽게 400억 원이라는 빚을 떠안은 후에야 세상에는 어떻게 할 수 없는 일도 있다는 사실을 뼈저리게 느꼈다. 그 결과 남에게 머리를 숙이고, 도움을 받고, 직원들과 힘을 합칠 수 있었다. 그리고 혼자서는 불가능했을 일을 이루어냈다. 인간은 혼자서는 아무것도 할 수 없다는 사실을 깨달았고, 사람에게 감사하는 마음을 갖게 되었다.

그토록 원망했던 아버지에게도 왜 조금 더 빨리 회사로 돌아와 함께 고난에 맞서지 않았을까, 혼자서 얼마나 힘드셨을까 하는 미안한 마음을 품게 되었다. 상상조차 하지 못한 인생을 겪게 해준 아버지에게 감사드린다.

16년간 침몰 직전인 회사를 경영하느라 악전고투하면서 나도 조금은 성장했는지도 모르겠다. 최근 들어서는 이제까지 있었던 모든 일에 의미가 있다고 생각하게 되었다.

지금도 여전히 회사는 문제투성이고, 나는 경영자로서도 인간으로서도 미숙하다. 앞으로도 어떤 고난이 기다리고 있을지 모른다. 그렇지만 이제 나는 앞으로 무슨 일이 있어도 '반드시 어떻게든 된다.'고 믿는다.

'Never, never, never give up'의 정신으로 포기하지 않고 꾸준히 한다면 길은 반드시 열린다는 신념을 갖고 있다. 상황에 조종당하는 게 아니라 상황을 받아들이는 방식을 스스로 선택하는 것이다. 주체적으로 사는 것, 그것이 길을 개척한다.

'아침이 오지 않는 밤은 없다.'

이 유일한 신념이 앞으로도 내 버팀목이 될 것이다. 이 신념은 내가 역경 속에서 거머쥔 보물이다.

지금, 도저히 빠져나올 수 없는 상황이나 절대로 불가능해 보이는 문제 앞에서 움츠러든 채 옴짝달싹 못하는 사람이 이 책을 읽고 있다면 그 사람에게 내 보물을 건네고 싶다.

다시 한 번 일어서 보세요.
'도저히 더는 못 하겠어. 이제 끝이야. 죽는 편이 나아.'
이런 생각이 들더라도 딱 한 번만 더 일어서 보세요.
나는 '아침이 오지 않는 밤은 없다.'는 말을 굳게 믿습니다.
그리고 당신이 자신의 발로 다시 한 번 일어선다면,
당신 손으로 당신만의 보물을 움켜쥘 수 있을 것이라고 믿

습니다.

의지할 사람도 없이 어떻게 하면 좋을지 모르는 상황 속에서, 그래도 내 인생을 잃고 싶지 않다고, 그렇게 기도했던 그날의 나와 같은 사람에게 이 책을 바칩니다.

앞을 가로막은 거대한 바위를 보며 절대 움직일 리 없다고, 나로서는 절대 불가능하다고 움츠러든 사람에게 이 책을 바칩니다.

불가능할지 어떨지는 일어서 보지 않으면 알 수 없습니다.

* * *

"이 일도 극복한다면 책으로 내도 되겠어."

괴로운 일이 있을 때마다 아내와 그런 싱거운 소리를 하며 객기를 부리던 나날이 있었다.

지금 그 이야기를 책으로 쓰고, 여러분이 읽어줌으로써 고통스러웠던 나날을 성불한 듯한 느낌이다. 그리고 만일 내 이야기 중 하나라도 누군가에게 도움이 된다면, 나는 16년 전에 회사를 물려받은 일을 두 번 다시 후회하지 않을 것이다.

마지막으로 힘겨운 나날을 전우처럼 함께해준 아내와 항상

나에게 용기를 주는 눈 이들에게 고맙다는 말을 전하며 정성어린 격물을 대신홍으리고 원다.

주신철사 유가석
유가석 휴가시
휴가서